Glücks-Knigge [2100]

Vom Glücklichsein, positiven Denken und von Freundschaften

Horst Hanisch

Bibliografische Information der Deutschen Nationalbibliothek: Die Deutsche Nationalbibliothek verzeichnet diese Publikation in der Deutschen Nationalbibliografie; detaillierte bibliografische Daten sind im Internet über dnb.dnb.de abrufbar.

Der Text dieses Buches entspricht der neuen deutschen Rechtschreibung.

Die Ratschläge in diesem Buch sind sorgfältig erwogen, dennoch kann eine Garantie nicht übernommen werden. Eine Haftung des Autors und seiner Beauftragten für Personen-, Sach- und Vermögensschäden ist ausgeschlossen.

Aus Gründen der einfacheren Lesbarkeit wird auf das geschlechtsneutrale Differenzieren, zum Beispiel Mitarbeiter/Mitarbeiterin weitestgehend verzichtet. Entsprechende Begriffe gelten im Sinne der Gleichbehandlung für beide Geschlechter.

Idee und Entwurf: Horst Hanisch, Bonn

Lektorat: Alfred Hanisch, Bonn †; Annelie Möskes, Bornheim

Buchsatz: Guido Lokietek, Aachen; Horst Hanisch, Bonn

Umschlag: Christian Spatz, engine-productions, Köln; Horst Hanisch, Bonn

Zeichnungen: Horst Hanisch, Bonn

Verlag: BoD · Books on Demand GmbH, In de Tarpen 42, 22848 Norderstedt, bod@bod.de

Druck: Libri Plureos GmbH, Friedensallee 273, 22763 Hamburg

ISBN: 978-3-7693-0390-2

Glücks-Knigge 2100

Vom Glücklichsein, positiven Denken und von Freundschaften

Horst Hanisch

Dem Glücklichen schlägt keine Stunde

Inhaltsverzeichnis

Inhaltsverzeichnis

Inhaltsverzeichnis

Prolog

Von Glückspilzen ...

> *„„Wer ist glücklich?'*
> *Wer gesunden Leibes, vom Schicksal begünstigt*
> *und mit trefflicher Seelenbildung ausgerüstet ist."*
> **Thales von Milet, gr. Philosoph**
> **(um 625 - 545 v. Chr.)**

... und anderen glücklichen Menschen

Liebe Leserin, lieber Leser,

Sind Sie glücklich? Sind Sie gar ein Glückspilz? Dann darf ich Sie beglückwünschen.

Die meisten Menschen wollen glücklich sein. Das ist auch ihr Recht! Wissenschaftler wollen nachgewiesen haben: Glückliche Menschen haben mehr zu lachen, freuen sich über ihr Dasein und leben angeblich sogar länger.

Glückliche Menschen strahlen positive Gedanken aus und sehen oft Vorteile bei Neuem. Sie sind gern gesehene Kunden, Gäste und Freunde.

Wer hat hingegen gerne mit unglücklichen Menschen zu tun? Die, die eine überwiegend pessimistische Lebenseinstellung haben und immer nur klagen und ständig die unangenehmen Seiten des Lebens hervorheben?

Interessanterweise scheinen manche dieser Menschen regelrecht vom Unglück verfolgt zu werden.

Ist das Zufall oder die Einstellung zum eigenen Leben? Beschwören unglückliche Menschen sozusagen das Unglücklichsein selbst herauf?

Im vorliegenden Ratgeber wird zunächst zwischen ‚Glück gehabt' und ‚glücklich sein' unterschieden. Dieses Glücksempfinden wird gegenüber der Zufriedenheit abgegrenzt.

Sobald klargeworden ist, was ‚glücklich sein' bedeutet, wird weiterhin überlegt, wie Glücksempfinden hervorgerufen werden kann.

Ist es tatsächlich möglich, eine glückliche(re) Lebenseinstellung zu erzielen? Es wird sich zeigen.

Schließlich gibt es einen weiteren Themenschwerpunkt. Er zeigt, dass das soziale Umfeld, konkret Freundschaften, dazu beiträgt, das Glücksempfinden erheblich zu steigern. So liegt es nahe, dem wichtigen Thema Einsamkeit versus Freundschaft ein Extra-Kapitel zu widmen.

Lassen Sie sich Ihr Glück nicht nehmen. Entlarven Sie deshalb alle möglichen Glücksverhinderer. Schlagen Sie ihnen pfiffig ein Schnäppchen.

Schließlich geht es um Ihr Leben, liebe Leserin, lieber Leser. Tragen Sie dazu bei, Ihr Glücksempfinden zu steigern.

Die Themen in diesem Ratgeber sollen zum Überlegen und zum Reflektieren der eigenen Lebensstrategie anregen.

Wenn Sie dabei wirklich etwas glücklicher werden, hat es sich gelohnt, über dieses Thema nachzudenken.

Ich wünsche den Leserinnen und Lesern viel Spaß beim Durch-
blättern des Buches und würde mich freuen, wenn der eine oder
andere Hinweis zum Nachdenken und gegebenenfalls zum Handeln anregt.

Auf dass Sie (noch) glücklicher werden! Ich wünsche Ihnen viel
Glück!

Horst Hanisch

Teil 1 – Zufriedenheit und Glück

Glücks-Momente versus dauerhafter Zufriedenheit

Glück gehabt

„Good luck"

„Good luck" sagen die Briten, wenn sie einem anderen „Viel Glück" wünschen. In der englischen Sprache steht das Wort ‚luck' für ‚Glück', was im Mittelhochdeutschen ‚g(e)lücke' bereits versteckt ist.

Das Wort wird im Mittelhochdeutschen erstmals im Jahr 1160 erwähnt.

Wer genau hinschaut, sieht in der Bezeichnung ‚g(e)lücke' die Lücke, ein Loch. Ursprünglich bezeichnete das Wort einen Vorgang/eine Angelegenheit mit offenem Ausgang – mit einer zu schließenden Lücke.

Es gab sozusagen noch ein Loch, das nicht klar wiedergab, ob die Aktion positiv oder negativ (glücklich oder unglücklich) enden würde.

Erst im Laufe der Jahrhunderte stand der Begriff für den (erhofften) positiven Ausgang – für das Glück.

Soweit hergenommen ist die Bedeutung nicht. Denn, wer auch immer heutzutage eine Entscheidung trifft, kann in der Regel nicht sicher sein, ob die Folgen positiv oder negativ sein werden.

Mit ‚etwas Glück' klappt alles wunderbar.

Das Gegenteil von ‚Glück haben' ist ‚Pech haben'. Das Gegenteil von ‚Glück empfinden' bedeutet eine ‚depressive Stimmung fühlen'.

Im Leben geschehen bekanntlich positive und negative Dinge. Treten mehr negative als positive auf, hat der Mensch Pech, beziehungsweise Unglück. Treten mehr positive Ereignisse auf, überwiegt das Glücksempfinden. Der Mensch wird glücklich.

Wer viel Glück im Leben empfindet, zeigt meistens ein hohes Selbstwertgefühl. Die Person ist aufgeschlossen, denkt positiv, verbreitet positive Stimmung, zeigt Aktivität, setzt sich Ziele im Leben – und erzielt mehr Erfolge.

Ein Glückspilz.

Mein Freund, der Glückspilz

Emma gibt sich ihren Gedanken hin.

„Mein Freund ist ein echter Glücksvogel. Dieser Glückspilz geht an eine Glücksbude, dreht am Glücksrad – und schon hat er einen Preis gewonnen.

Dasselbe gilt beim Kauf eines Glücksloses, auch wenn er auf gut Glück und blind in den Eimer mit den Losen greift. Glücklicherweise ist er nicht dem Glücksspiel verfallen.

Er ist ein echter Glücksfall für mich. Mit ihm habe ich einen guten Glücksgriff gemacht. Wir hatten schon viele Glücksmomente miteinander. Ob unsere Beziehung unter einem Glücksstern steht? Ich müsste mal einen Glücksforscher befragen.

Dabei verzichtet er auf jedes Glückssymbol, wie zum Beispiel das Glücksschwein, den Glückskäfer oder das vierblättrige Glückskleeblatt.

Natürlich habe auch ich eine Glückszahl und hin und wieder einen Glückstag. Ich bin also keineswegs glücklos. Besuchen wir unser chinesisches Restaurant, begrüßt uns schon eine winkende Glückskatze.

Gespannt bin ich immer auf den Glückskeks nach dem Essen. Zum Glück trage ich immer einen Glückspfennig in meiner Geldbörse.

Mein Freund sagt immer, er warte auf einen Glücksboten, zum Beispiel eine Glücksfee, die mir eine Glückssträhne verspricht. Vielleicht sollte ich auch eine Glückspille einnehmen, um einige Glückshormone freizusetzen, damit ich ein hohes Glücksgefühl empfinden kann. Ich freue mich auf dieses mögliche Glückserlebnis.

Andererseits glaube ich nicht richtig an solch einen Glücksfall. Wer sollte in Wirklichkeit der Glücksbringer sein? Vielleicht ist alles nur Glückssache, um Glückseligkeit geschenkt zu bekommen.

Hauptsache, mein Freund ist ein Glückskind. Mit ihm zusammen erlebe ich manchen Glücksrausch. Ich bezeichne ihn als echten Glückswurf.

Herzlichen Glückwunsch zu unserer Beziehung. Ich wünsche uns weiterhin viel Glück."

Emma lehnt sich mit einem charmanten Lächeln im Gesicht beruhigt zurück. Sie ist glücklich mit ihrem Freund und mit ihrem Leben.

Glücksformulierungen

Im obigen Text lässt sich bereits ersehen, dass das Wort ‚Glück‘ häufig in der deutschen Sprache eingesetzt werden kann. Das lässt auf seine Wichtigkeit rückschließen.

Hier folgen noch einige weitere verwendete Formulierungen, die mit Glück oder Unglück zu tun haben:

„Du verkörperst das Glück in Person."

„Du hast doppeltes Glück."

„Du hast Glück im Unglück."

„Ein Unglück kommt selten allein."

„Das Glück mit den Füßen treten."

„Glückwünsche entgegennehmen."

„Sein Glück probieren/versuchen."

„Jeder ist seines Glückes Schmied."

„Das Streben nach Glück."

„Mehr Glück als Verstand haben."

„Etwas auf gut Glück tun."

Außerdem:

„Hans im Glück" (Gebrüder Jacob Ludwig Karl Grimm und Wilhelm Carl Grimm, 1785 – 1863 und 1786 – 1859)

„Die drei Glückskinder" (auch Gebrüder Grimm)

„Das Märchen vom Glück" (Emil Erich Kästner, 1899 – 1974)

„Don't worry, be happy" – Glück haben und glücklich sein

Wie oft ist der Spruch zu hören „Don't worry, be happy"?

Frei übersetzt:

„Mach dir keine Sorgen, sei glücklich."

Sorgen zurückdrängen und das Glücklichsein in den Vordergrund holen. Nicht immer einfach, aber in einigen Situationen bestimmt umsetzbar.

Es zeigt sich ein Unterschied zwischen ‚Glück haben' und ‚glücklich sein'.

„Mensch, hatte ich Glück. Gerade noch den Bus erwischt." Strahlend lässt sich ein junger Mann auf einen Sitzplatz fallen und wischt sich den Schweiß von der Stirn. „Glück gehabt!"

Die Stirn wischen

Die Person wischt sich tatsächlich oder symbolisch Schweiß von der Stirn, hervorgerufen durch eine brenzlige Situation, die gerade noch so gemeistert wurde.

‚Glück gehabt' kann diese Handbewegung bedeuten.

„Ich habe Glück gehabt, dass ich dich kennenlernen durfte", säuselt der verliebte Ehemann seiner Frau ins Ohr.

„Vier Richtige im Lotto!", ruft begeistert der Kunde in der Lottoannahmestelle aus. „Da habe ich Glück gehabt."

In allen beschriebenen Fällen liegt das ‚Glück haben' in der Vergangenheit. Das Gefühl ‚Glück haben' bezieht sich auf eine eingegrenzte Zeitspanne oder einen Moment.

Das ‚Glück haben' kann auch die Zukunft betreffen.

„Ich wünsche dir viel Glück bei deiner Führerscheinprüfung", sagt die Mutter, bevor sich die Tochter auf den Weg zur Fahrschule begibt.

„Der macht mal sein Glück", meint die Oma ihrem Ehemann gegenüber, als der Enkel den Besuch beendet hat.

„Soll ich mal mein Glück versuchen?" fragt der junge Mann seinen Freund, als beide in Las Vegas vor dem Spielautomaten stehen.

Er ergänzt: „Weißt du noch, vor einem Jahr hatte ich auch eine Glückssträhne. Da hatte ich dreimal hintereinander einen höheren Betrag gewonnen."

„Ja, natürlich erinnere ich mich. Aber vergiss nicht – es handelt sich nur um Zufälle."

„Herr Martens weiß noch nichts von seinem Glück." Der Beschäftigte raunt seinem gegenüber sitzenden Kollegen diesen Satz zu. Möglicherweise ist das ‚Glück' hier ironisch gemeint. Eventuell erwartet Herrn Martens eine unangenehme Nachricht.

Alle Beispiele zeigen auf die Zukunft. Auch hier handelt es sich um überschaubare Zeitspannen, den Moment des Glückhabens zu spüren.

Herzlichen Glückwunsch

Nicht zählbare viele Geburtstagswünsche werden täglich ausgesprochen oder in geschriebener Form übermittelt.

„Herzlichen Glückwunsch zum Geburtstag. Ich wünsche alles Beste, Gesundheit und Glück."

„Gesundheit, Glück und Wohlergehen", steht auf der Geburtstagskarte, formuliert als Wunsch für die Zukunft.

Vergleichbares gilt für Hochzeiten, Jubiläen und alle möglichen Feierlichkeiten.

„Wir wünschen euch viel Glück in einer gemeinsamen und langanhaltenden Zukunft."

Glück auf!

„Glück auf!" ist ein Bergmannsgruß. Begegnen sich die Bergleute, wird den Einfahrenden dieser Gruß zugerufen. Er dient der Hoffnung, dass sich beim Erzabbau neue Erzgänge auftun.

Die Daumen drücken

Durch das Drücken beider Daumen will Ihnen jemand Mut machen.

Beide Daumen werden fest in den Fäusten gedrückt.

Diese Geste steht unmittelbar vor einer auszuführenden Aktion.

„Ich drücke dir die Daumen. Ich wünsche dir alles Glück."

Bisher zeigte ‚Glück haben' auf die Vergangenheit oder die Zukunft. Gibt es diese Formulierung auch in der Gegenwart?

„Ich habe Glück, solch ein tolles Leben mit dir teilen zu dürfen." Die Partnerin strahlt die Person an, mit der sie ihr Leben teilt.

„Die Deutschen haben das Glück, in einer Demokratie leben zu können."

Es wird ein Dauerzustand beschrieben, der sich von der Vergangenheit über die Gegenwart und Zukunft zieht.

Das Glücklichsein

Das Glücklichsein lässt sich beeinflussen, wie dieser Ratgeber in vielen Fällen zeigt.

„Ich bin glücklich mit diesem Ergebnis." Strahlend schaut der Studierende auf seine Punktzahl, die er für seine Hausarbeit erzielte.

„Sei doch glücklich und erfreue dich an dem schönen Wetter", fordert die erwachsene Tochter ihre jammernde Mutter auf.

„Wir sind glücklich, einen gesunden Enkel bekommen zu haben", freuen sich die Großeltern.

Ob ein Mensch glücklich ist, lässt sich deutlich schwieriger beantworten oder erklären. Egal. Zumindest schadet das Drücken der Daumen nicht und es vermittelt ein positives Gefühl.

Fragt der Autor in seinen Seminaren oder während seiner Lehraufträge an einer privaten Universität, was das Wichtigste im Leben sei, hört er oftmals die Aussage „glücklich sein".

Bei Nachfrage zeigt sich schnell, dass viele sich noch gar keine Gedanken darüber machten, was sie tatsächlich unter glücklich sein verstehen. Materielle Absicherung, Freunde oder Familie haben? Beruflich erfolgreich sein (oder gewesen zu sein), Gesundheit?

Es stellt sich heraus, dass viele der Befragten zwar den Wunsch haben, glücklich zu sein. Aber oft kann nicht klar ausgedrückt werden, was unter dieser Vorstellung zu verstehen ist.

Auch die Frage danach, wann jemand das letzte Mal ,wirklich glücklich' war, bedarf einigen Nachdenkens.

Gleichzeitig stellt sich heraus, dass das empfundene Glücksgefühl schon eine Weile zurückliegt.

Wie lange hielt das Glücksgefühl an? Manche reden von wenigen Minuten, andere meinen einige Stunden. Jedenfalls nicht mehrere Monate lang.

Es bedarf eines gewissen In-sich-Gehens, um klarer über Glück, Glücklichsein, Glückseligkeit und so weiter differenzieren zu können.

Bald werden Prioritäten gesetzt und Abgrenzungen zwischen Glück und Zufriedenheit gefunden.

Unzufriedenheit nicht verdoppeln

Der Songtext „Don't worry, be happy" hat noch eine weitere Information: „But when you worry you make it double." Das heißt etwa: „Aber wenn du dir Sorgen machst, verdoppelst du sie."

Das wäre natürlich überhaupt nicht gut. Also weg von der Unzufriedenheit und hin zur Zufriedenheit, um dem glücklich sein den Weg zu bereiten.

Zufriedenheit versus Glücklichsein

Manche Menschen verwechseln auch Zufriedenheit mit Glücklichsein. Sagt einer: „Ich bin zufrieden mit meinem Leben" oder gar „Ich bin ganz zufrieden mit meinem Leben", drückt er damit eine Art dauerhaften Zustand aus. Es könnte zwar besser sein, aber es ist schon ok so.

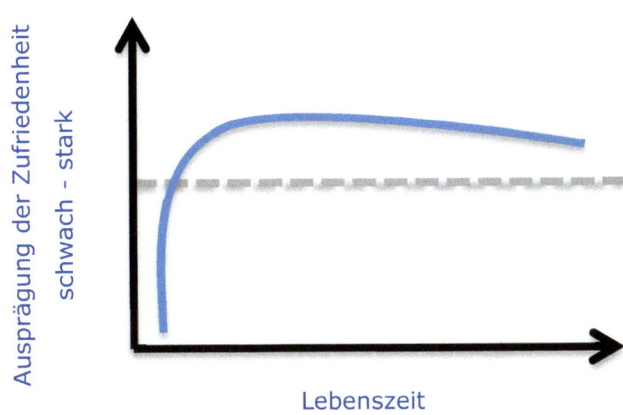

In einem Diagramm wird der Zufriedenheitszustand als Kurve dargestellt (mittlere, gestrichelte Linie, Durchschnitt. Unterhalb besteht Unzufriedenheit, oberhalb besteht Zufriedenheit).

Links aufsteigend beginnend, und dann lange – leicht abfallend – weiterführend.

Je nach anhaltendem Zufriedenheitszustand wird die Kurve abfallen, da im Lebensalltag kein Auf und Ab zu erkennen ist. Genau genommen ist die Kurve sogar recht eintönig. Es scheint nichts zu geschehen im Leben. Am Ende seines Lebens wird ein Befragter antworten:

„Ja, ich bin ganz zufrieden mit meinem Leben."

Eine richtige Begeisterung ist dabei nicht hörbar. Zufriedenheit im Leben ist ‚schön' oder ‚gut'.

Die Kurve reicht aber nicht bis ganz oben im Diagramm. Wenn die gestrichelte Linie als 50 Prozent der Höhe der Y-Achse zu sehen ist, erreicht die Kurve ca. 70 Prozent.

In Schulnoten ausgedrückt bedeutet das ungefähr die Note 3. Sind Sie damit zufrieden? Zufrieden, vielleicht ja. Aber tatsächlich würden viele Menschen eher mit Nein antworten.

Zwischen den angenommenen 70 Prozent als maximale und damit höchste Ausprägung gibt es bis zur tatsächlich höchsten 100-prozentigen Möglichkeit eine Differenz von 30 Prozent.

Das rot schraffierte Feld zeigt den Bereich, der bei der Zufriedenheit nicht erreicht wird.

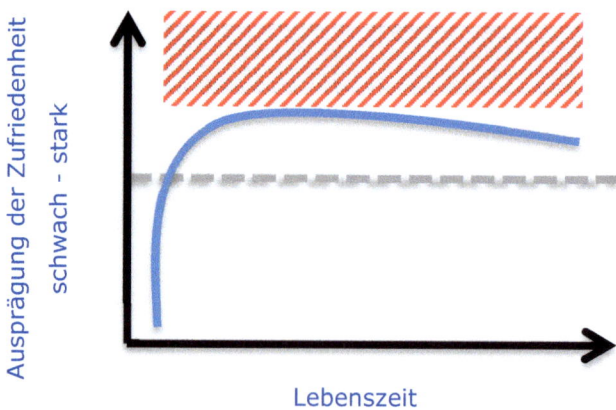

Wie kann dieser zur Verfügung stehende Bereich genutzt werden?

Nun, indem es immer wieder einen ‚Input' im Leben gibt. Etwas Neues, etwas Aufregendes, etwas, das Neugierde weckt und Sie begeistert. Augenblicke, in denen Sie glücklich werden.

Dabei liegt die Betonung auf ‚Augenblicke'.

Im Gegensatz zur dauerhaften Linie der Zufriedenheit hält das Gefühl, glücklich zu sein, nur kurzzeitig an.

Glücks-Momente

Einige Sekunden, vielleicht auch Minuten, vielleicht sogar auch Stunden halten die Glücks-Momente an.

Hier werden diese Momente als Glücks-Momente bezeichnet, unabhängig der tatsächlichen Dauer. Auf die komplette Lebenszeit bezogen sind es nur kurze Momente, die hier als Sternchen dargestellt sind.

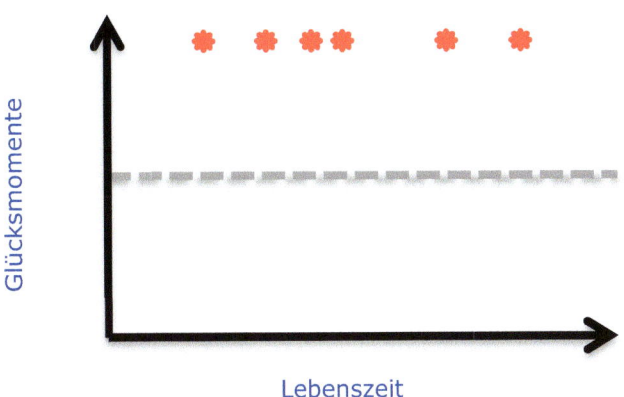

Nach und nach wandelt sich das Glücksgefühl (hier das Sternchen) in Zufriedenheit um.

Angenommen, Sie kaufen sich eine seit langem gewünschte Armbanduhr. In dem Augenblick, in dem Sie die Uhr kaufen, können

Sie Glücksgefühl empfinden. Einige Monate später hat sich das Glücksgefühl in Zufriedenheit umgewandelt.

Nach einigen Jahren werden Sie das ursprüngliche Empfinden beim Anblick der Uhr nicht mehr haben – allerdings können Sie sich in den Moment des Kaufs mental zurückversetzen und dann möglicherweise das Glücksgefühl von damals wieder hervorrufen. Heute sind Sie mit Ihrer Uhr sehr zufrieden.

Immer mehr neu herbeigeführte Glücks-Momente berühren in der bisherigen Skala die 100 Prozent Marke.

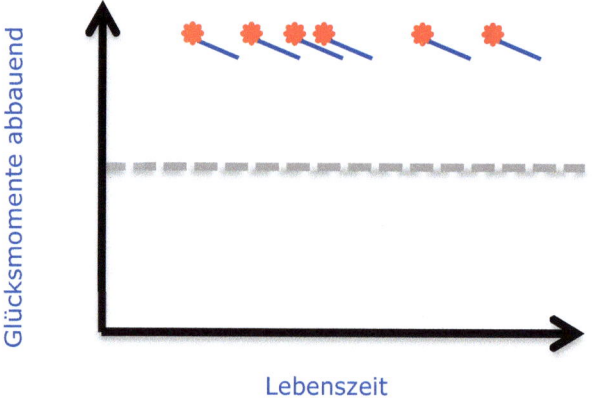

Da sich diese Glücks-Momente in eine abfallende Zufriedenheits-Kurve wandeln, schaffen es neue Glücks-Momente immer wieder, diese Kurve im oberen Bereich des Diagramms zu halten.

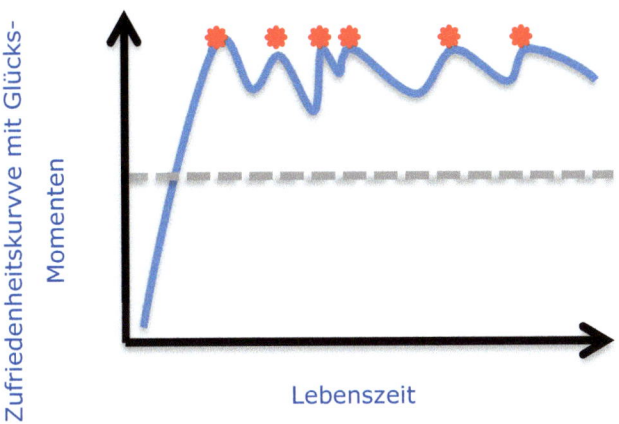

Die Zufriedenheits-Kurve liegt deutlich höher als vorher.

Diese Lebenskurve zeigt ein ganz anderes Profil als die zuerst dargestellte Zufriedenheits-Kurve (hier in grüner Farbe dargestellt).

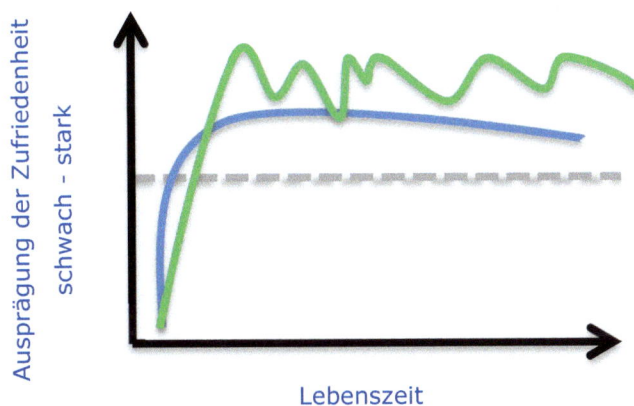

Sie mögen einwerfen, dass das Leben eben so ist, wie es ist.

Und manchmal war es eben nicht so glücklich. Da haben Sie bestimmt recht.

Wenn Sie tatsächlich Ihr Leben durchforsten, werden Sie höchstwahrscheinlich eine ganze Menge Glücks-Momente finden können. Werden Sie sich dieser Glücks-Momente bewusst, und auch immer wieder in der Zukunft bewusst, können Sie eine andere (positive) Einstellung zu Ihrem Leben erhalten.

Selbst wenn das Leben bisher in Ihren Augen nicht ganz so optimal verlief, können Sie dafür sorgen, dass es sich in der kommenden Zeit ändert. Wie?

Nehmen Sie die Umwelt bewusst(er) wahr, gehen Sie auf andere Menschen zu – und beachten Sie die vielen Tipps diesbezüglich hier in diesem Buch.

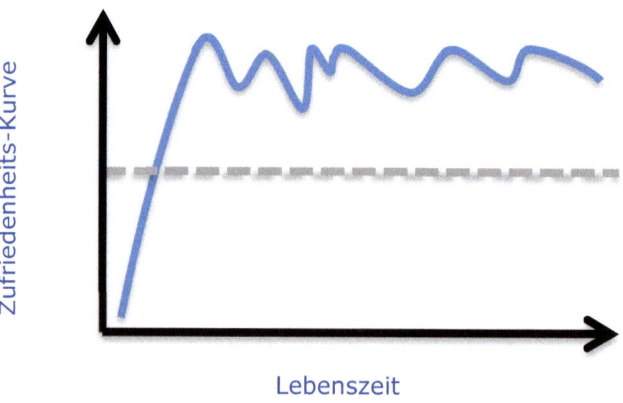

Die Kurve stellt ein glückliches Leben dar.

Habe ich es verdient, glücklich sein zu dürfen?

*„Nicht alles, was glücklich macht, ist gesund,
aber alles, was unglücklich macht, ist ungesund."*
Gerhard Hendrik Uhlenbeck, nl. Politiker
(1815 - 1888)

Angst vor dem Glücklichsein

Würden die meisten Menschen nicht annehmen, dass es fantastisch ist, häufiger glücklich sein zu können? Die meisten Menschen würden sehr wahrscheinlich so denken.

Ist es dann nicht fast unvorstellbar, dass es wahrhaftig Menschen gibt, die Angst davor haben, glücklich zu sein? Furcht vor dem Glücklichsein?

Fear of Happiness Scale

Tatsächlich hat Paul Gilbert vom Kingsway Hospital in Derby Großbritannien 2012 eine Skala entwickelt, die Furcht vor dem Glücklichsein darstellt (Fear of Happiness Scale).

Jemand bekommt ein schlechtes Gewissen, sobald er glücklich ist.

Study of Happiness

So befürchten viele Deutsche, wer zu viel Glück habe, erzeuge Neid bei anderen. Deshalb sollte den anderen nicht zu deutlich gezeigt werden, wenn jemand glücklich ist.

Er erkannte: Das Glücklichsein bereitet kein positives Gefühl, sondern löst unangenehme Emotionen aus. Sie möchten nicht möglichen Neid anderer spüren.

Im Iran erzeugt zu viel Glück nicht nur Neid beim Nachbarn, sondern zu viel Glück riskiert sogar den ‚bösen Blick'. Ein böser Blick kann laut Aberglauben durch magische Kräfte Unheil erzeugen.

Japaner hingegen glauben, dass der Mensch wesentliche Werte vergisst, wenn er zu glücklich ist. Vergleichbar mit:

„Nicht abheben – Auf dem Boden bleiben."

Ist es besser, nicht allzu viel Glück zu haben oder zu sehr glücklich zu sein? Lieber sollen unheilbringende Vorgänge vermieden werden. Also vorsichtshalber nicht übertreiben mit dem Glück. Oder doch?

Ist Glücklichsein gefährlich?

Wie ist es möglich, dass manche Menschen so empfinden? Beispielsweise denkt einer:

„Wenn ich heute glücklich bin und morgen weniger glücklich, dann werde ich depressiv. Es wird mir ja schlechter gehen als heute. Das will ich nicht und deshalb vermeide ich es, ein Glücksempfinden wahrzunehmen."

Ein interessanter Gedanke.

Ein anderer überlegt:

„Wird nach Gutem irgendwann etwas Schlechtes kommen? Werden andere neidisch oder eifersüchtig auf mich? Verliere ich gar mein Ansehen im sozialen Umfeld?"

Oder: „Habe ich das Glück überhaupt verdient? Anderen geht es doch viel schlechter."

Es entstehen moralische Bedenken, eventuell sogar Schuldgefühle.

Oder: „Mir geht es gerade gut, ich bin glücklich in meinem augenblicklichen Urlaub. Andererseits bleibt meine Mutter, deren Mann (also mein Vater), der kürzlich verstorben ist – alleine zu Hause. Darf ich sie alleine lassen? Darf ich überhaupt glücklich sein, wenn sie gleichzeitig unglücklich ist?"

Das schlechte Gewissen meldet sich.

Betroffene reden gegebenenfalls ihre eigenen erlebten Glücks-Momente klein, damit sie diese Schuldgefühle nicht entwickeln. Sie wollen ein gutes Gewissen bewahren.

Solche Art Gedanken sind nachvollziehbar. Allerdings drückt und/oder bedrückt solch eine Überlegung die betreffende Person.

Psychologen empfehlen, sich Bedenken oder gar Schuldgefühle nicht aufzuladen, um das eigene Leben und das Befinden nicht negativ zu beeinflussen.

Sie meinen, es bringe nichts, sich mit Vorwürfen oder Schuldgefühlen zu quälen. Jeder hat das Recht, glücklich zu sein oder – zumindest gefühlt – glücklicher zu sein als andere. Das eigene Glücklichsein schadet dem anderen ja nicht.

Wer glücklich ist, nimmt einem anderen nichts weg. Im Gegensatz. Vielleicht überträgt sich das Glücksgefühl auf andere, da die Stimmung lockerer, angenehmer, unbeschwerter ist.

Jeder sollte das Recht darauf haben, glücklich sein zu dürfen, ohne seelischen Schaden zu nehmen.

Der Glücksatlas – die Weltkarte des Glücks

„Der Wunsch, glücklich zu sein, kennt keine Grenzen."
Dalai Lama (Tenzin Gyatso), geistiges und politisches Oberhaupt der Tibeter
(*1935)

Wer ist am glücklichsten?

Natürlich soll kein Neid aufgebaut werden. Aber – inwieweit lässt sich glücklich sein steigern? Glücklich – glücklicher – am glücklichsten? Wer ist am glücklichsten?

Wissenschaftler versuchen seit Jahren herauszufinden, in welchem Land die Menschen am glücklichsten leben. In unregelmäßigen Abständen werden die Ergebnisse der Untersuchungen veröffentlicht.

Dass diese in einem Jahr anders sind als in einem anderen ist nachvollziehbar, sind doch die angesetzten Parameter, das Glück betreffend, unterschiedlich.

Bedauerlicherweise widersprechen sich sogar einige Ergebnisse. Das geschieht auch bei verschiedenen Studien im selben Erscheinungsjahr. Das zeigt, wie unglaublich schwierig (bis unmöglich?) es ist, eine Rangliste jener Länder mit den glücklichsten Menschen aufzustellen.

Trotzdem wird es immer wieder versucht. Deshalb hier ein paar gesammelte Studien-Ergebnisse.

Tatsächlich forscht sogar die UNESCO, um eine Staaten-Rangliste zu erstellen. Die UNESCO lässt eine Weltkarte des Glücks erstellen.

World Happiness Report

Im Jahr 2017 haben die Vereinten Nationen zum vierten Mal den Auftrag vergeben, die glücklichsten Menschen zu finden. Insgesamt wurden 155 Länder unter die Lupe genommen.

Die Ergebnisse dieser Untersuchungen wurden dann im World Happiness Report veröffentlicht. Welches Land errang nun den begehrten Platz eins? Die Goldmünze ging an Norwegen. Die Silbermünze erhielten die Dänen.

Wo finden sich die Deutschen? Immerhin im oberen Bereich, nämlich auf Platz 16, wie auch im Vorjahr. Im Jahr 2015 landete Deutschland übrigens auf Platz 26. Offensichtlich können die Deutschen glücklich sein, um zehn Stellen nach oben gerückt zu sein.

Den traurigen letzten Platz hielt 2016 übrigens Burundi inne, 2017 die Zentralafrikanische Republik (Burundi auf dem vorletzten Platz).

Die erzielten Punkte (Auszug aus dem Report):

- Norwegen 7.537 Punkte.

- Dänemark 7.522 Punkte, ganz knapp hinter Norwegen.

- Deutschland 6.951 Punkte, übrigens hinter Costa Rica mit 7.079 Punkten. Schweiz Platz 4 mit 7.494 Punkten, Österreich Platz 13 mit 7.006 Punkten.

- Zentralafrikanische Republik 2.693 Punkte, die geringste erreichte Punktzahl.

Der Welt-Durchschnitt wurde mit 5.305 Punkten errechnet.

Think Tank New Economics Foundation

Im Jahr 2006 kam Deutschland in einer anderen Untersuchung nur auf Platz 81. Damals wurden 178 Länder untersucht.

Ein kleiner Trost für viele, dass sogar die Vereinigte Staaten von Amerika mit ihren glücklich wirkenden Menschen damals lediglich Platz 150 einnehmen konnten.

Es teilten sich Zimbabwe, Kenia und die Ukraine die letzten Plätze. Dazwischen auch wieder das Land Burundi – die Unglücklichen.

Jetzt soll erraten werden, wer die Spitzenplätze einnahm. Die Glücklichen lauteten: Kanada, Costa Rica, Dominica und sogar Panama.

Untersucht wurde das von der britischen Think Tank New Economics Foundation (NEF), die sich auch auf eine Studie des Earth Institute der New York Columbia Universität bezog.

Für die damaligen Untersuchungen waren beispielsweise Faktoren über das empfundene Glück, die gefühlte Freiheit und die Möglichkeit der persönlichen Gestaltung des eigenen Lebens maßgebend.

Map of World Happiness

Im Jahr 2007 machte sich der britische Sozialpsychologe Adrian G. White von der Universität in Leicester daran, einen Weltplan der Glücklichen zu erstellen.

Die Faktoren für die Studien waren neben Wohlstand, Bildung und Gesundheit, das Nationalgefühl und die empfundene Schönheit der Landschaft, in der die Befragten lebten.

Immerhin schaffte es White, eine kleine dreistellige Zahl von Studien aus aller Welt für seine Arbeit zugrunde zu legen. Er berücksichtigte Quellen der UNESCO, der UN, des NEF und sogar der CIA.

Somit kam er auf die Ergebnisse von etwa 80.000 Befragten. Auch hier rangierte Dänemark an erster Stelle.

Die erzielten Punkte:

- Dänemark 273 Punkte, genauso viel wie die

- Schweiz 273 Punkte

- Costa Rica schaffte 250 Punkte und

- Deutschland kam mit 240 Punkten auf den 35. Platz der 100 untersuchten Länder.

- Burundi leuchtete hier auch als Schlusslicht mit 100 Punkten.

Weltdatenbank des Glücks

Schließlich soll noch eine Untersuchung des niederländischen Professors Ruut Veenhoven (*1942) der Erasmus Universität Rotterdam genannt werden. Veenhoven erstellte eine Weltdatenbank des Glücks (World Database of Happiness).

Seine Untersuchungen und Umfragen beziehen sich auf immerhin 1.460 Studien.

In seinem Ergebnis landeten wieder einmal die Bewohner Costa Ricas auf Platz 1. Die Deutschen fanden sich hier auf Platz 29 wieder. Naja, so können die Deutschen, wenn auch nicht glücklich, wohl aber zumindest zufrieden sein.

Glücklich in Deutschland

Immer wieder und überall gibt es Menschen, die sich Gedanken zum Glücklichsein machen. Dazu gehören Dr. Bernd Raffelhüschen (*1957), deutscher Professor für Volkswirtschaftslehre und Reinhard Schlinkert (*1947).

Sie sammelten Daten innerhalb Deutschlands und veröffentlichten diese im ‚Deutsche Post Glücksatlas 2015'.

Dabei erstellen sie eine Rangliste innerhalb der deutschen Länder. Sie ermittelten Folgendes:

Die glücklichsten Menschen leben in Schleswig-Holstein. Schleswig-Holstein erreicht 7,36 Punkte von 10 Punkten, Mecklenburg-Vorpommern hingegen nur 6,67 Punkte und landet damit auf dem letzten Platz.

Ebenso haben die Forscher 30 europäische Länder miteinander verglichen. Deutschland landet hier mit insgesamt 7,2 Punkten auf Platz 10 von 30 Ländern. Das ist nicht sooo schlecht, aber auch nicht gerade berauschend.

Dänemark führt in vielen Listen einen der oberen Plätze an. Mit 8.9 Punkten wurde hier der erste Platz erzielt.

Traurig hingegen müssen wohl die Bewohner und Bewohnerinnen von Bulgarien und Griechenland sein. Sie kamen gerade mal auf 4 Punkte und teilen sich den letzten Platz der untersuchten Länder.

Weltglücksbericht 2024

Der Weltglücksbericht für das Jahr 2024 ermittelt Finnland als glücklichstes Land der Welt – beziehungsweise natürlich deren Bewohner.

An zweiter Stelle folgt Dänemark, dann Island, Schweden und schließlich Israel.

Berücksichtigt wurden 143 Länder. Die ermittelten Zahlen beziehen sich auf die Jahre 2021 bis 2023.

Die unterschiedlichen Ergebnisse oder Schwankungen lassen Rückschlüsse darauf zu, dass es unglaublich schwierig ist, das Glück zu definieren oder zu greifen.

Dazu kommt, dass eine bestimmte Situation einer Person ein Glücksempfinden bereitet, einem anderen hingegen nicht.

Es ist auch nicht ganz klar, weshalb bestimmte Länder einen deutlich hohen Rang erzielen. Eine Ansprechpartnerin aus Island versuchte es (im Jahr 2024) so zu erklären:

„Wir Isländer sind glücklich, dass es uns wirtschaftlich sehr gut geht. Wir freuen uns über jeden Tag und helfen einander. Der Umgangston untereinander ist sehr freundlich."

Solch ein positives Empfinden trotz der hohen Lebenshaltungskosten und der ständigen latenten Gefahr von Vulkanausbrüchen?

Na gut. Sei den Isländern ein glückliches Leben beschert.

Zumindest was die Umgangsformen anbelangt, können andere Kulturen und natürlich auch Menschen der hiesigen bestimmt noch den einen oder anderen Punkt in Richtung Glück erzielen.

Es ist doch keine große Herausforderung freundlich und wertschätzend miteinander umzugehen. Die Harmonie miteinander wird gesteigert – und offensichtlich auch das Gefühl des Glücklichseins.

Was macht den Menschen glücklich?

Der oben erwähnte Bernd Raffelhüschen und der Meinungsforscher Klaus-Peter Schöppner (*1949) stellten bei 30.000 Befragten (Quelle: Deutsche Post Glücksatlas, 2012) fest, dass folgende vier Bereiche für viele Menschen Glück bedeuten:

- Geld,

- Gesundheit und Zufriedenheit mit der medizinischen Versorgung,

- Gemeinschaft (Partner, Familie und Freunde),

- Genetische Disposition (vorgegebene Veranlagung, das Leben eher positiv oder negativ zu sehen).

So berichtet das Hamburger Abendblatt am 12.09.2012, in Deutschland seien nach einer Studie die Hamburger auf den ersten Rang gekommen.

Das habe nicht nur mit dem relativ hohen Einkommen zu tun, sondern auch mit dem abwechslungsreichen Kultur- und Sportangebot. Die Überlegungen zu Kultur und Sport finden sich in obiger Auflistung nicht.

Deshalb soll diese Liste leicht angepasst und die vier Bereich so dargestellt werden. Für viele Menschen bedeutet Glück:

- Bereich 1: Jederzeit auf Ressourcen zurückgreifen können. Materielles (Geld), Immaterielles (Bildung [auch Kultur]) und Zeit,

- Bereich 2: Gesundheit und Sicherheit medizinischer Betreuung für Körper und Geist,

- Bereich 3: Soziales Umfeld (Bekannte, Partner, Familie und Freunde),

- Bereich 4: Lebenseinstellung: Positives Denken, neugierig und aufgeschlossen sein, Aufgaben erfolgreich durchführen können und so weiter

Diese Liste ist individuell ergänzbar.

Denn: Bestimmte Kriterien mögen für eine Person wichtiger erscheinen als für eine andere. Schließlich muss jede Person selbst entscheiden, was für sie Glück bedeutet.

Deshalb ist es auch schwierig, eine für jede Person gültige Liste zu erstellen, was für sie Glück bedeutet. Im Wesentlichen fassen die vier aufgelisteten Bereiche die ausschlaggebenden Kriterien ab.

Tatsächlich kann jeder der will sich überlegen, in welchen Bereichen er seine Schwerpunkte sieht – und was besonders wichtig ist. Ist der jeweilige Bereich abgedeckt, sollte das Glücksgefühl steigen.

Und wenn jemand Weiteres glücklich macht – umso besser. Ein 5. Bereich kann problemlos ergänzt werden.

Glück versus Unglück – Der Glücksritter und der Pechvogel

Da es Glück gibt, muss es auch Unglück Glück geben. Laut Definition bedeutet Unglück in der Regel ein nicht geplantes, unheilvolles bis katastrophales Ereignis. Meist ist das eintretende Unglück unverschuldet.

Ein Unglück kann vorübergehend sein, wie zum Beispiel die Trauer über eine plötzlich verstorbene geliebte Person nach einem Unfall. Unglücklich sein kann auch einen anhaltenden Zustand darstellen, wie beispielsweise bei einem Kriegszustand.

Manche Menschen zählen regelrecht das anstehende Unglück an.

Der Aberglaube weist genügend Unglücksbringer auf, die ein Unglück ankündigen. Dazu gehören beispielsweise die von links querende schwarze Katze, das Verschütten von Salz, das Zerbrechen eines Spiegels.

Neben den Unglücksbringern gibt es den bedauernswerten Unglücksboten. Er ist derjenige, der die schlechte Botschaft überbringt.

Der Unglücksrabe

Als Unglücksrabe wird derjenige bezeichnet, dem ständig Missgeschicke passieren oder dem das Schicksal übel mitspielte.

Der Unglücksrabe, auch Pechvogel, hat seine Bezeichnung aus dem Mittelalter. Damals wurden Äste mit Leim oder Pech beschmiert, sodass ein Vogel mit seinen Federn daran festklebte. Er konnte dann leicht gefangen werden.

Ein vergleichbares Vorgehen wurde mit Leimruten (Pechruten) zum Fang von Vögeln eingesetzt.

Wer unglücklich ist, verfällt oft in eine Art depressiver Stimmung. Er verliert die innere Antriebskraft. Es fällt schwer, sich aufzuraffen und aktiv zu werden. Vor allem gilt deswegen: Nicht unterkriegen lassen!

Beruhigend sind die Worte, die Marie Freifrau Ebner-Eschenbach äußerte:

„Im Grunde ist jedes Unglück gerade mal so schwer, als man es nimmt."

Also, Rückschläge nicht zu ernst nehmen!

Und hier soll auch der deutsche Schriftsteller Heinrich Christian Wilhelm Busch (1832 - 1908) erwähnt werden:

„Glück entsteht oft durch Aufmerksamkeit in kleinen Dingen, Unglück durch die Vernachlässigung kleiner Dinge."

In diesem Zusammenhang muss auch der Glücksritter erwähnt werden. Diese Person ist unerschrocken. Was auch immer sie angeht, oft auch ohne Plan oder Strategie, gelingt. Die Person verlässt sich blind/blindlings und leichtsinnig auf ihr Glück – und kommt meistens zu einem glücklichen Ergebnis.

Manchmal wird der Glücksritter auch Hasardeur genannt.

Die Bezeichnung Glücksritter kann abwertend oder bewundernd geäußert werden.

Übrigens: Wem ein Glücksgriff gelingt, wird beglückwünscht. Hat die Person doch eine vorteilbringende Entscheidung getroffen.

Pursuit of Happiness – Das Streben nach Glück

Eine Eigenschaft des Menschen ist das (ständige) Streben nach Glück. Es soll seinem Leben einen gewissen Sinn geben.

Das mittelhochdeutsche Wort g(e)lücke drückt weiterhin aus, wie etwas endet in Bezug auf Geschick, Zufall und Schicksal.

In der US-Verfassung ist gar das Streben nach Glück fest verankert.

Die USA haben 1776 in ihrer Unabhängigkeitserklärung das ‚Streben nach Glück', ‚pursuit of happiness' festgeschrieben und es somit dort rechtlich verankert.

Ob sich Glück rechtlich befehlen lässt und die Kontrolle über die Einhaltung möglich ist, sind andere Fragen.

So heißt es in der Präambel der Unabhängigkeitserklärung der Vereinigten Staaten von Amerika vom 04.07.1776 (Declaration of Independence):

„... We hold these truths to be self-evident, that all men are created equal, that they are endowed by their Creator with certain unalienable Rights, that among these are Life, Liberty and the pursuit of Happiness. ..."

Das lässt sich etwa so übersetzen:

„... Wir halten diese Wahrheiten für selbstverständlich zu sein (für ausgemacht), dass alle Menschen gleich geschaffen sind, dass sie von ihrem Schöpfer mit gewissen unveräußerlichen Rechten begabt wurden, worunter Leben, Freiheit und das Streben nach Glück (fallen). ..."

Nun gut: Die US-Bürger haben das verankerte Recht, nach Glück zu streben. Thomas Jefferson (1743 – 1826) ist dies zu verdanken, der als einer der Gründerväter der Vereinigten Staaten an der Unabhängigkeitserklärung maßgeblich beteiligt war.

Später war Jefferson nach George Washington (1732 – 1799) und John Adams (1735 – 1826) von 1801 bis 1809 der 3. US-Präsident.

Das Recht nach Glück zeigt, wie wichtig es den Gründervätern vor ca. 250 Jahren war, dieses Recht festzuschreiben.

Bruttonationalglück

Im Königreich Bhutan wird sogar vom Bruttonationalglück gesprochen.

Auch dort ist das Recht auf Glück in einem Gesetz der obersten Verfassung verankert. Der damalige König Jigme Singye Wangchuck (*1955) prägte den Begriff Bruttonationalglück im Jahr 1979.

Wie sieht es in Deutschland aus?

In Deutschland lässt sich vergebens nach einem Begriff suchen, der dem Glück nahekommt. Ist es den Deutschen nicht so wichtig, glücklich zu sein?

Oder ist es eine Selbstverständlichkeit, die in hiesiger Kultur gar nicht erst erwähnt werden muss?

Zumindest wird im Ausland den Deutschen nachgesagt, sie verstünden keinen Humor. Beeinträchtigt das vermeintliche Fehlen von Humor das Empfinden von Glück?

7,55 auf der Skala ‚Glücklichsein'

Im Herbst 2016 ließ der Autor dieses Buches in drei deutschen Städten in einer Umfrage 1.880 Personen auf die Frage „Wie glücklich sind Sie?" antworten.

Die Befragten sollten auf einer Skala von 1 bis 10 (stärkste Ausprägung) den Wert ihres persönlichen Glücksgefühls angeben. Es ergab sich folgendes Durchschnitts-Ergebnis:

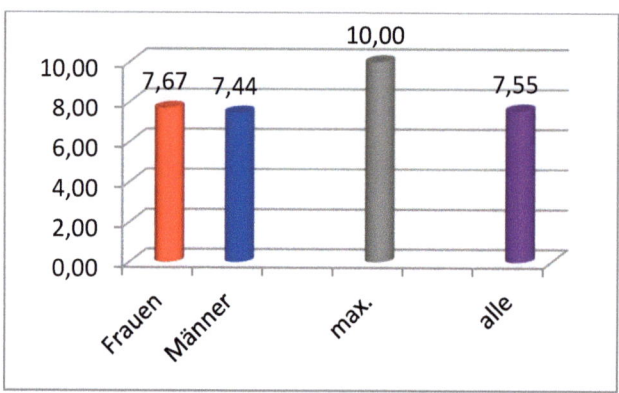

Im Durchschnitt liegen die Einschätzungen bei den Frauen bei 7,67 Punkten, bei den Männern bei 7,44 Punkten. Dazwischen liegen nur 0,23 Punkte.

Nach dieser Untersuchung zeigen die Ergebnisse eine gering glücklichere Frau als der Mann. Aufgrund der nur kleinen Differenz kann das fast unberücksichtigt bleiben.

Alle Frauen und Männer zusammen kommen auf einen Wert von 7,55 Punkten.

Auf einer Skala von 1 bis 10 ist das ein respektabler Wert, zeigt aber deutlich eine Spanne nach oben, die gefüllt werden könnte.

Wie viele haben welchen Wert gewählt?

Unsere Interviewer befragten Einzelpersonen, hielten ein Schild mit der Frage „Wie glücklich sind Sie?" hoch und baten um die Einschätzung.

Bei der Umfrage ging es nicht darum, <u>was</u> unter ‚Glücklichsein‘ zu verstehen ist, sondern um die Einschätzung des Glücksgefühls im Moment der Befragung.

Es sollten ungefähr gleichviel Frauen wie Männer gefragt werden; und zwar aus 3 Altersgruppen.

Dabei wurde unterschieden in ‚jünger‘, ‚mittel‘ und ‚älter‘. Um es gleich vorwegzunehmen: niemand soll sich angegriffen fühlen, wird hier von jungen oder alten Menschen gesprochen.

Die Befragten wurden in drei Altersgruppen eingeteilt:

- 18 bis 29 Jahre (jünger)
- 30 bis 49 Jahre (mittel)
- 50 Jahre und älter (älter)

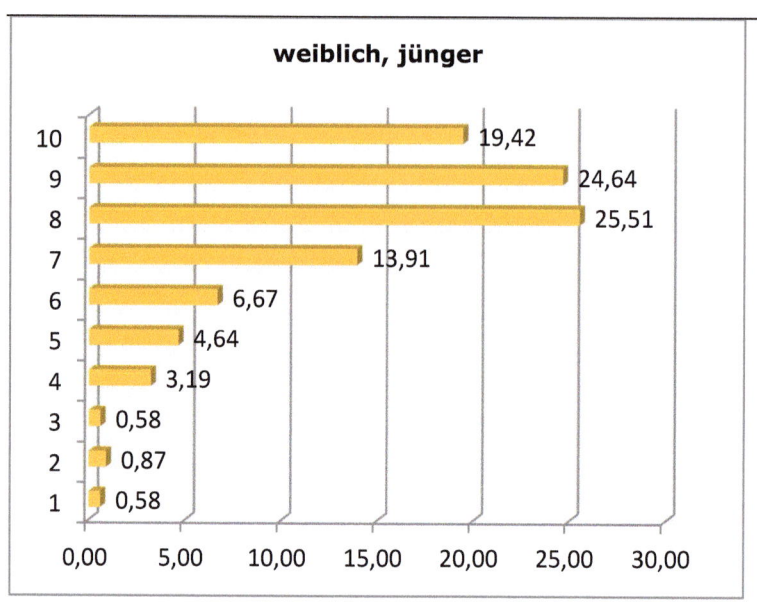

Lesebeispiel: 25,51 Prozent der Befragten haben den Wert 8 angegeben. So sieht es bei der mittleren Altersgruppe aus.

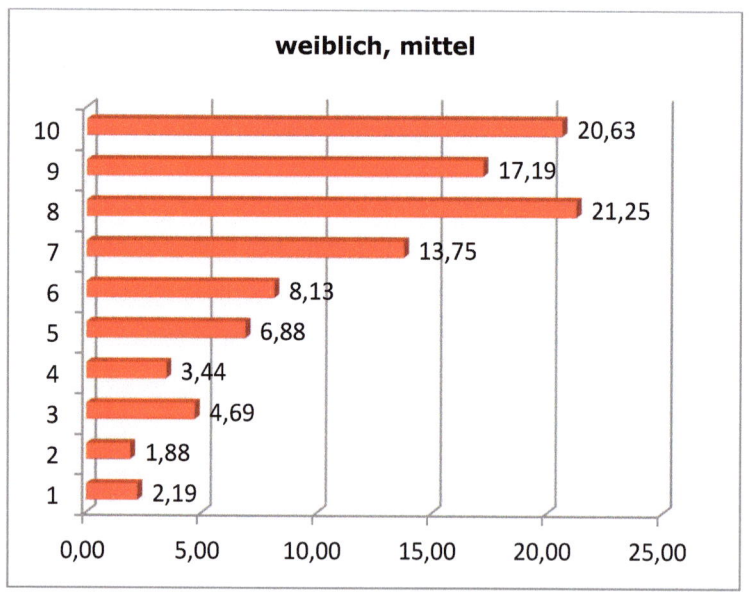

Und so bei den älteren Frauen.

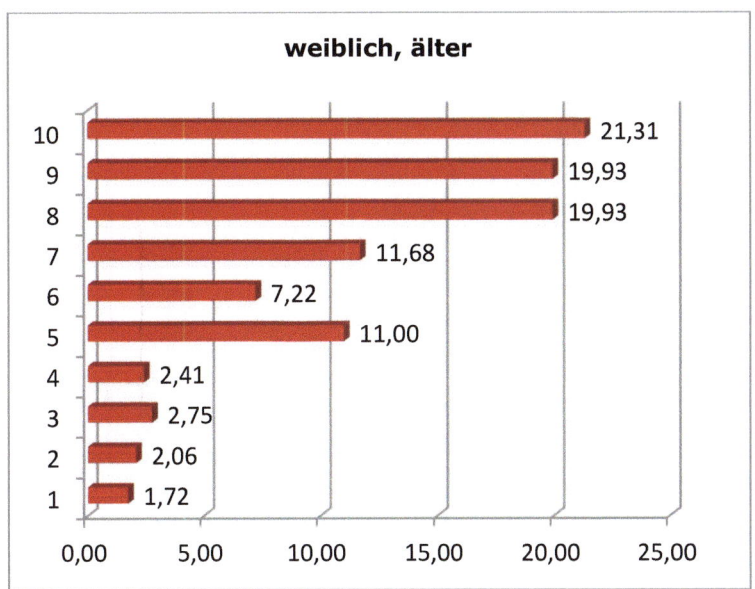

Hier wird das Ergebnis der drei Frauen-Gruppen zusammen dargestellt.

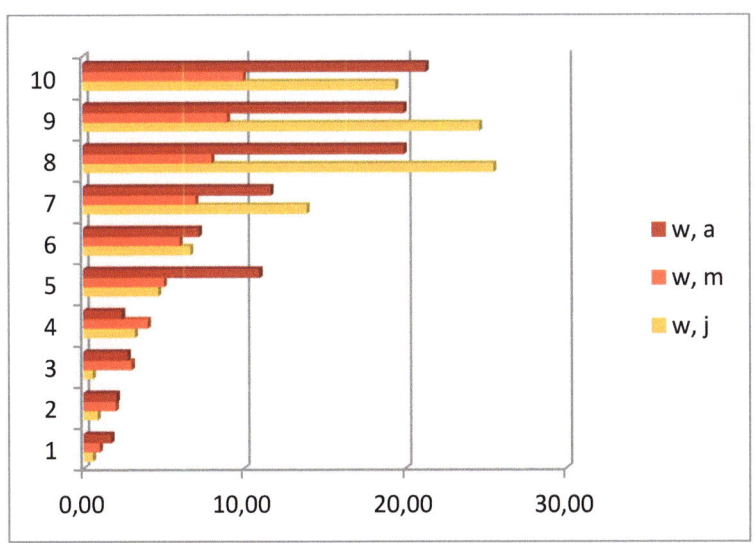

Gerade bei den jüngeren Frauen ist zu sehen, dass die oberen Werte häufiger gewählt werden, die unteren kaum.

Vergleich zwischen den Altersgruppen bei Frauen.

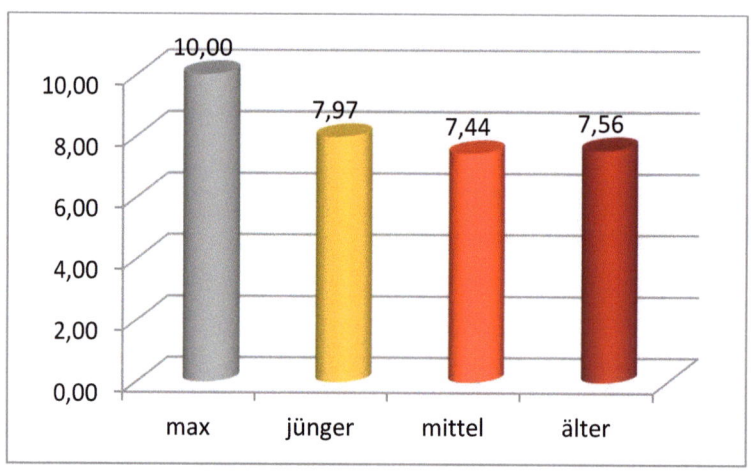

Nun zu den jüngeren Männern.

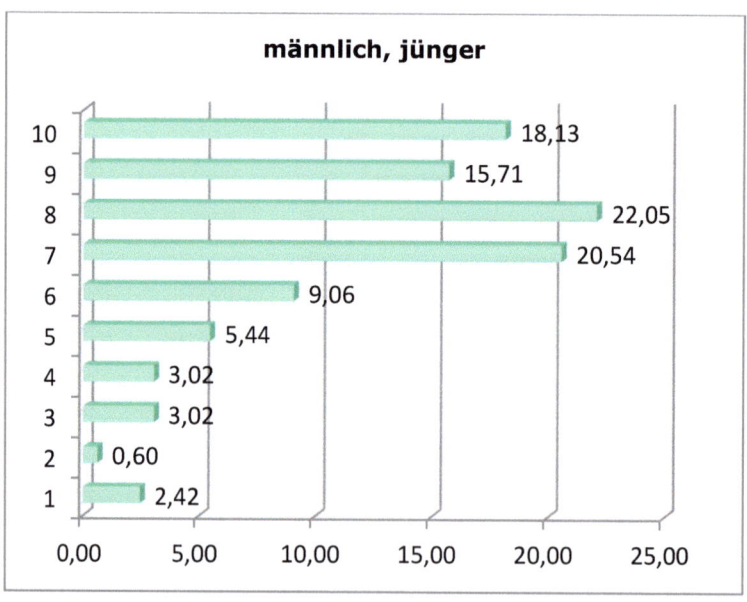

Hier die mittlere Gruppe.

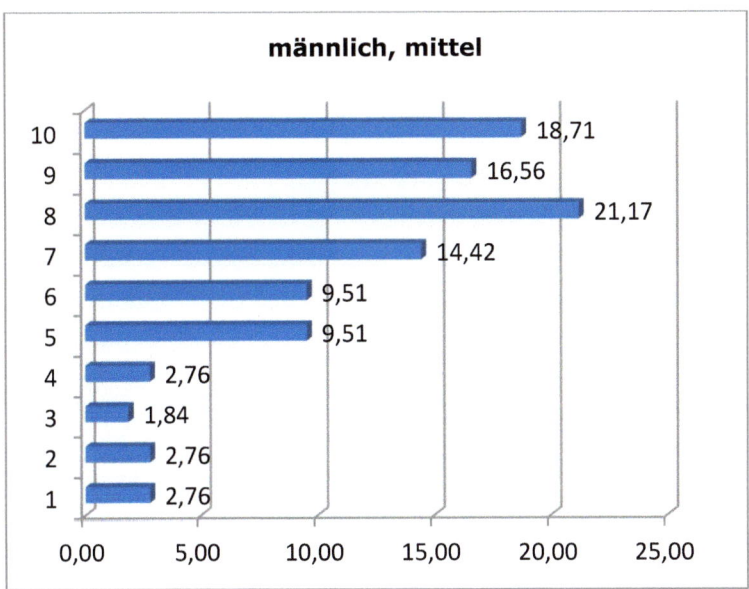

Und schließlich die älteren Befragten.

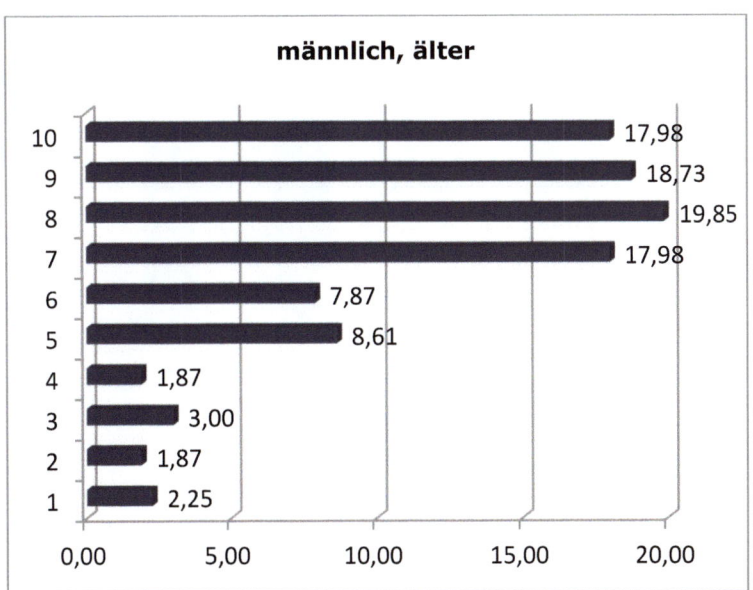

Das nächste Diagramm zeigt die unterschiedlichen Werte dieser drei Altersgruppen.

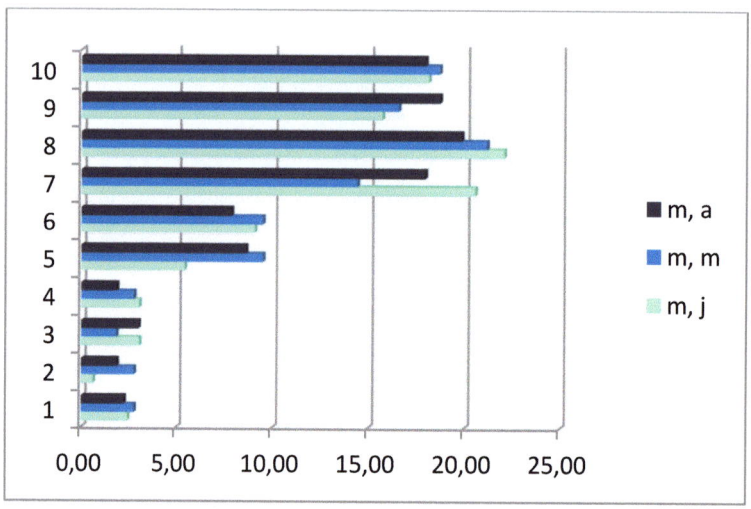

Vergleich zwischen den Altersgruppen bei Männern.

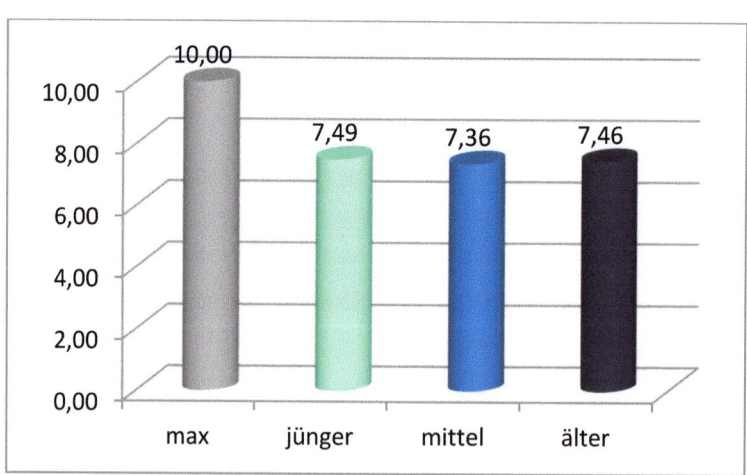

Sind junge Leute glücklicher?

Interessant scheint hier auch der Hinweis auf das Alter der Befragten. Je jünger die Menschen sind, desto glücklicher schätzen sie sich ein. Bei den Menschen über 50 Jahren ist das Glücksgefühl vergleichsweise niedriger.

Aber auch nur minimal, sodass sich ein tatsächlicher Unterschied in der Befragung zwischen weiblichen und männlichen Personen nur schwach zeigt.

Möglicherweise liegt es auch daran, dass der älter werdende Mensch schon viel mehr in seinem langen Leben erlebt hat. Da nicht jeder Tag die höchsten Glücksgefühle auslösen kann, wählt er vielleicht eine allgemeingültigere Angabe, das bisherige Leben betreffend.

Das heißt demnach nicht zwangsläufig, dass der ältere Mensch unglücklicher wird. Das wäre tragisch. Aber – und das zeigen die Einzelwertungen – da häufiger auch die ganz kleinen Werte auf der Skala angegeben wurden. Möglicherweise muss dann etwas sehr Trauriges geschehen sein.

Lebensalter und Glück

Die britischen Professoren und Ökonomen David G. Blanchflower (*1952) und Andrew J. Oswald (*1953) befragten immerhin etwa 500.000 Menschen in 72 Staaten nach ihrem persönlichen Glücksempfinden.

Eine halbe Million Menschen! Die Untersuchung ergab, dass die jüngeren und die älteren am glücklichsten waren. In der Mitte des Lebens allerdings gaben die Befragten an, weniger glücklich zu sein.

Der ermittelte Tiefpunkt lag in Deutschland bei 42,9 Jahren. Ganz grob lässt sich das Ergebnis in solch einer Kurve darstellen.

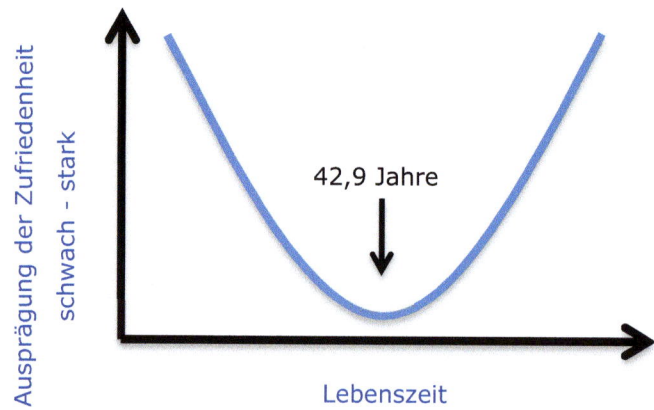

Dieses Ergebnis spiegelt sich in oben gezeigter Umfrage so deutlich nicht wider.

Allerdings zeigen die Werte doch, wenn auch nur mit geringem Unterschied (in der nächsten Tabelle: links Frauen, rechts Männer).

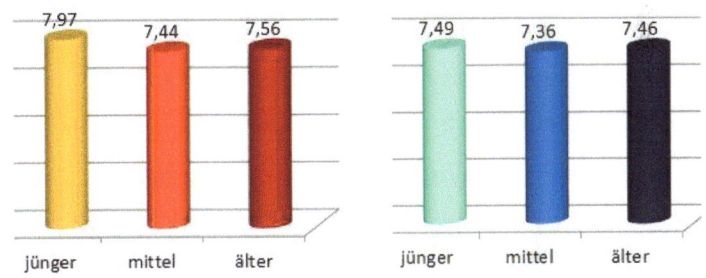

Vielleicht sollte die Kurve dann so dargestellt sein?

„Deutsche Kinder sind oft unglücklich"

So titelt die Bonner Rundschau am 11.04.2013. Weiter schreibt sie: „Deutsche Kinder haben ein besseres Leben als viele Kinder in anderen Ländern der Welt, doch sind sie unglücklicher als jene." Dabei wird sich auf eine Studie des Kinderhilfswerks der Vereinten Nationen UNICEF bezogen.

Es wurden 176.000 Kinder und Jugendliche im Alter von 11 bis 15 Jahren in 29 Industrienationen über die eigene Einschätzung ihrer Lebenszufriedenheit befragt. Davon allein 5.000 Befragte in Deutschland.

Die deutschen Jugendlichen erreichten

- 2010 Platz 12

- 2013 Platz 22

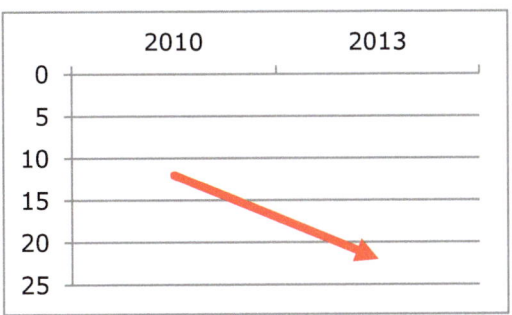

Wie ist das möglich? Werden die deutschen Jugendlichen unglücklicher? Ist die Lebenszufriedenheit in Deutschland wirklich so düster, obwohl es den Menschen in Deutschland im Vergleich zu anderen Ländern doch wirklich gut geht?

Fehlt hier die Perspektive zur eigenen Gestaltung der Zukunft? Oder fühlen sich die Jugendlichen von den älteren Menschen nicht gut verstanden?

Hier ein Auszug aus der Rangliste (UNICEF, Report-Card-11. April 2013, Children's life satisfaction league table) zur Lebenszufriedenheit. 1 = bester Platz, 29 = schlechtester Platz:

- 1 – Niederlande
- 2 – Island
- 3 – Spanien
- 22 – Deutschland
- 23 – USA
- 29 – Rumänien

Glücklicherweise finden 81,5 % der deutschen Jugendlichen es einfach, mit der Mutter (über Probleme) zu sprechen (Niederlande 91,7 %), hingegen nur 64,5 % mit dem Vater (NL 81,4).

Dieselbe Studie sagt aus, dass bei der Bewertung der Lebensbedingungen in Deutschland hingegen auf Platz 6 liegt. Zu den Lebensbedingungen zählen Armut, Bildung, Gesundheit.

Die Angaben in der erwähnten Studie beziehen sich auf die Selbsteinschätzung von befragten Jugendlichen.

Was haben Sie mit diesen Ergebnissen zu tun?

Nun, Sie könnten sagen „gar nichts", da Sie selbst ja nicht in die angegebene Studie fallen. Andererseits sind hier möglicherweise Ihre Enkelkinder betroffen.

In diesem Augenblick entsteht ein direkter Bezug. Auch wenn Sie sich nicht als Erziehungsberechtigte/r Ihrer Enkelkinder verstehen, wäre es bestimmt angenehmer zu wissen, dass die junge Generation sich wohler fühlt, als in der Untersuchung erkannt.

Sie selbst können dazu beitragen, dass Jugendliche eine andere Lebenszufriedenheit erhalten. Zum Beispiel durch einen Austausch mit der Jugend. Auch, indem Sie die Jugend als ‚wertvoll‘ und gleichberechtigt ansehen und das in der Kommunikation mit ihnen erkennen lassen.

Geben Sie den jungen Leuten einen positiven Ausblick auf deren Zukunft, zeigen Sie Perspektiven auf.

Hin und wieder treten Seniorengruppierungen in einen geplanten Austausch mit Jugendgruppen, zum Beispiel bei einem Besuch in einer Schule. Die gegenseitige Akzeptanz und das gegenseitige Verstehen werden besser.

Der immer wieder zitierte Generationenkonflikt kann durch gegenseitiges Verständnis abgeschwächt werden.

Und Sie selbst?

Sie profitieren natürlich auch, weil Sie sich engagieren, da Sie sich mit anderen Menschen und deren Verhaltensmustern auseinandersetzen. So ganz nebenbei halten Sie durch diesen Austausch Ihr Gehirn jung.

Weiterhin gelingt es Ihnen auch, Neues Ihrem Wissen hinzuzufügen.

Wie bereits oben erwähnt, kann neues Wissen den Menschen glücklicher machen.

Teil 2 – Wie werde ich glücklich?

Positiv denken und handeln

Anders denken und überlegter handeln

Wie werde ich glücklich? – Der Flow Effekt

Überraschenderweise gibt es sogar Forscher, die sich beruflich mit dem Thema Glück beschäftigen, die sogenannten Happyologen. Das muss ja ein glücklich machender Beruf sein! …

… Wie zum Beispiel der des ungarischen Psychologen Mihály Csíkszentmihályi (1934 – 2021), der den Begriff Flow Effekt zur Überlegung brachte [sprich: Tschik-zent-mihai].

Ungefähr beschreibt der Effekt ein beglückend erlebtes Gefühl eines Augenblicks, in dem ein Mensch in höchster Glückseligkeit schwebt, ein Gefühl des völligen Aufgehens in dem Moment, der wenige Minuten, vielleicht nur wenige Sekunden anhalten kann.

Ein blitzartiger Augenblick intensiven Lebens. Möglicherweise dem Empfinden eines glücklich machenden Rausches vergleichbar. Wäre das Leben in diesem Moment zu Ende, erschiene das nicht als tragisch.

Dieses Gefühl stellt sich bedauerlicherweise eher selten im Alltag ein. Wer dieses Hochgefühl einmal erlebt hat, wird es so schnell nicht vergessen. Glücklich können sich diejenigen nennen, die dieses Gefühl überhaupt hatten.

Dieser Flow Effekt lässt sich mit etwas Wohlwollen auch in Maslows Bedürfnispyramide unterbringen, und zwar dort in der obersten Stufe.

Bedürfnisse eines Menschen

Jeder Mensch hat Bedürfnisse, Sie selbst und auch Ihr soziales Umfeld. Nach Abraham Harold Maslow (US-Psychologe, 1908 – 1970) hat ein Mensch die weiter unten aufgelisteten Bedürfnisse, vereinfacht dargestellt.

Durch die sogenannte Befriedigung der Bedürfnisse wird der Mensch motiviert. Nach Maslow hat die Motivation einen dilatorischen (aufschiebenden) Charakter.

Erst wenn fundamentale Bedürfnisse befriedigt sind, kommt ein nächsthöheres Bedürfnis ins Blickfeld. Die Bedürfnisse bauen sich in 5 Stufen auf, wobei zuerst Stufe 1, dann Stufe 2 und so fort befriedigt werden muss.

Hier die Auflistung nach der Maslow-Bedürfnis-Pyramide.

- 1. Stufe: Physische Bedürfnisse/Physiologische Bedürfnisse. Dazu gehören: Essen, Trinken, Schlaf, Bewegung, Selbsterhaltung, Sexualität und Wärme.

- 2. Stufe: Sicherheits-Bedürfnisse. Dazu gehören: Materielle Sicherheit, Sicherheit des Existenzminimums, allgemeines Schutzbedürfnis, Altersvorsorge, Versicherung, Bedürfnis nach stabilen Verhältnissen, Liebe oder Zuneigung im Sinne der Geborgenheit.

- 3. Stufe: Liebes-Bedürfnisse, Soziale Bedürfnisse. Dazu gehören: Zugehörigkeit zu einer sozialen Gruppe oder Gesellschaft, Freundeskreis, Bekanntschaften, Gesellung, Liebe oder Zuneigung im Sinne der Zuwendung, Verein.

- 4. Stufe: Wertschätzungs-Bedürfnisse, Ich-bezogene Bedürfnisse. Dazu gehören: Bedürfnisse nach dem eigenen Ich, Anerkennung durch andere, Status, Macht, Achtung durch andere, Selbstachtung, Selbstvertrauen, Geltungsbedürfnis.

- 5. Stufe: Bedürfnisse nach Selbstverwirklichung. Dazu gehören: Bedürfnisse nach dem inneren Ich, volle Entfaltung, volle Selbstverwirklichung, Zurückgezogenheit, volle Verwirklichung der eigenen Möglichkeiten.

In der obersten Stufe findet sich auch der erwähnte Flow Effekt.

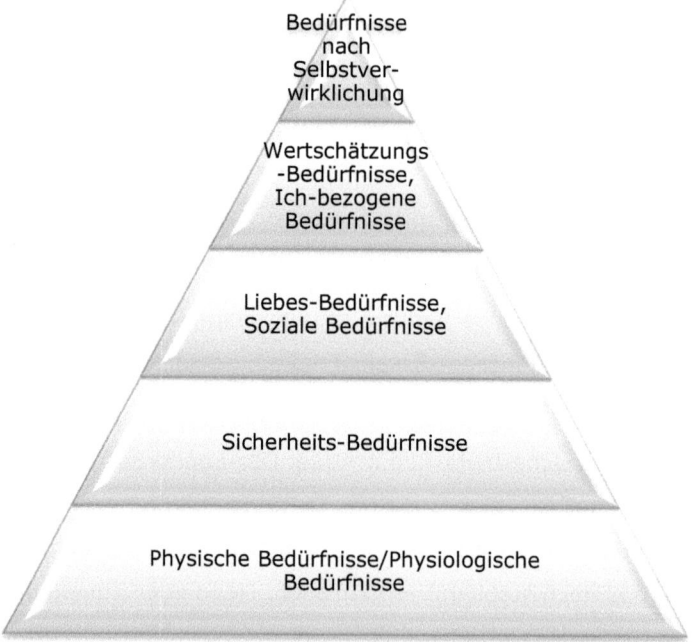

Bezogen auf das Thema Glücklichsein heißt das, dass ein Mensch leichter oder überhaupt erst glücklich werden kann, wenn die Grundbedürfnisse befriedigt wurden.

Wie soll jemand glücklich sein, wenn er sich ständig Sorgen um seine finanzielle Situation machen muss oder nachts vor Kummer nicht schlafen kann?

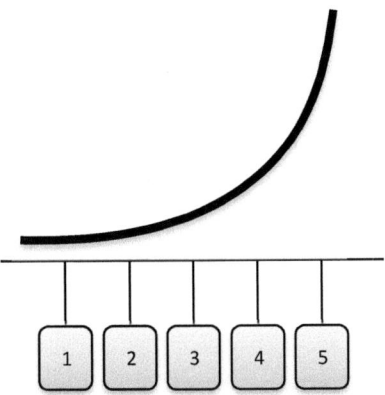

Ab dem Erreichen Maslows dritter Stufe steigt die Wahrscheinlichkeit, Glücksempfindungen erleben zu können.

Gelangt der Mensch auf die fünfte Stufe kann er es schaffen, ein wirklich glückliches Leben zu genießen, da die ersten vier Stufen ja ständig befriedigt werden.

Allein schon aus diesen Überlegungen lässt sich schließen, dass jeder Einzelne dafür sorgen soll, die Stufen der Maslow-Pyramide immer wieder zu erklimmen, um sich im Wesentlichen im Spitzenbereich bewegen zu können.

Wer die Grundbedürfnisse und die der mittleren Stufen erfüllt, gelangt leicht auf die fünfte Stufe. Dem Glücksempfinden tut das gut.

Wie werde ich glücklich(er)?

Nach allem, was bisher zum Thema Glücklichsein gesagt wurde, stellt sich nun zwangsläufig die Frage, wie ein Mensch glücklicher werden kann.

Ein deutlicher Hinweis erfolgte bereits durch die Bedürfnis-Pyramide. Zum Thema ‚glücklich(er) werden' gibt es eine ganze Menge Ratgeber, die detailliert vorschlagen, was zu tun ist, um das Glücksempfinden zu steigern.

Hier soll die Frage genereller beantwortet werden.

Ist Julia glücklich?

Stellvertretend steht Julia. Julia gibt auf einer Glücks-Skala eine 7 (von 10) an. Das bedeutet, dass sie schon glücklich ist, aber dass es immerhin noch drei Stufen nach oben zu erklimmen gibt.

Um bei einer späteren Einschätzung eine 8, 9 oder gar 10 eintragen zu können, sollte sich Julia überlegen, was geschehen müsste, damit der Wert ein höherer wird.

Was ist der Grund dafür, statt einer 8 eine 7 zu nennen?

Diese Frage mag schwierig zu beantworten sein, da es keine eindeutige Messung gibt, die konkret ausdrückt was 8 oder 7 ausmacht. Die Zuordnung bewegt sich lediglich im gefühlten Bereich. Also kann Julia sich fragen:

„Was müsste geschehen, dass ich mich glücklicher fühle als bisher?"

1. Überlegung: „Wo gibt es Differenzen?"

Nun kann Julia nachdenken, welche Änderungen eintreten müssten. Wo liegen Unterschiede im ‚Soll' und ‚Ist'?

Durch dieses Vorgehen schafft sie es, einen Unterschied zwischen der 8 und der 7 zu beschreiben, sozusagen greifbar zu machen.

2. Überlegung: „Was will ich tun?"

Hat sie die Differenz beschrieben, dann weiß sie genau, was sie anstreben will.

So kommt sie zur nächsten Überlegung, die beschreibt, was sie tun muss, um die Differenz zu überwinden. Sie könnte theoretisch einfach sitzen bleiben und warten, bis die Differenz überwunden wurde.

In der Regel zeigt sich, dass diese Vorgehensweise nicht unbedingt erfolgsgekrönt ist.

Wer sich passiv verhält, überlässt die Entscheidung dem Zufall, vielleicht auch dem Schicksal.

Er legt die Verantwortung für sein eigenes Glücklichsein in die Hände anderer Personen oder beeinflussender Ereignisse.

Hat Julia Pech, dann muss sie lange warten, bis die Differenz überwunden wird. Hat sie noch größeres Pech, tritt die Überwindung niemals ein. Das würde bedeuten, dass sie auf ihrer Skala bei der 7 hängenbleibt.

Besser ist es demnach, aktiv zu werden.

3. Überlegung: „Ich werde aktiv!"

Die aktuelle Überlegung zugrunde legend weiß Julia ja, was überwunden werden muss. Sie hat das Ziel, den Soll-Zustand, deutlich vor Augen. Nun kann sie ihre Lebensweise so optimieren, dass der Soll-Zustand zum Ist-Zustand wird.

Das lässt sich an einem einfachen Beispiel erläutern:

Julia wohnt in einem 2-Zimmer-Apartment im Randgebiet ihrer Stadt. Der Blick aus dem Wohnzimmer zeigt auf die Rückfronten der Nachbarhäuser, der Blick nach vorn auf die Straße.

Obwohl die Wohnung ‚eigentlich‘ ganz schön geschnitten und eingerichtet ist, spürt Julia eine gewisse Unzufriedenheit, hauptsächlich aufgrund der eingeschränkten Aussicht und des latenten Lärmpegels auf der anderen Straßenseite.

Offensichtlich will sich Julia nicht auf ewig einrichten, da die oben erwähnte Unzufriedenheit unterschwellig vorhanden ist. Das ist einer der Gründe, weshalb Julia auf der Skala eine 7 angegeben hat.

Sie würde eine 8 geben, könnte sie in einer gleichgroßen Wohnung leben, die einen freien Blick ins Grüne ermöglichte und auf der anderen Seite zu einer Nebenstraße zeigte. Das würde sie glücklich(er) machen.

Julia kann sich nun passiv oder aktiv verhalten. Passiv heißt, sie wartet darauf, bis ihr jemand zufällig eine passende Wohnung vorschlägt. Aktiv heißt, dass Julia gezielt nach einer entsprechenden Wohnung sucht.

Findet sie eine bezahlbare Wunschwohnung und wechselt anschließend ihren Wohnort, wird sich ihr Glückszustand verbessern.

Julia konnte diese Verbesserung erreichen, weil sie

    a)   überlegt, was sie weniger glücklich macht (hier die Aussicht und die Straßenseite) und

    b)   handelt, indem sie eine neue Wohnung sucht und findet.

Julia kann nach diesem Prinzip nach und nach ihre Lebenssituation durchforsten und analysieren. Dadurch erkennt sie, was sie tun kann, um glücklicher zu werden.

Sukzessive könnte sie an den einzelnen Konstellationen arbeiten, womit sich der Status ihres Glücksempfindens nach oben bewegte.

Das Modell der 3 Überlegungen

Zusammenfassend folgte Julia einem Modell mit folgenden drei Schritten.

Aktiv werden und Verhaltensmuster überdenken

Hinsetzen und abwarten dürfte nicht die gewinnbringende Strategie sein, um glücklich zu werden. Nichts tun bringt nicht weiter. Wer glücklich(er) werden will, muss (selbst) aktiv werden. Er muss bereit sein, sein Verhaltensmuster zu überdenken.

Und noch mehr: Nach dieser Reflexion erfolgt eine mentale Verhaltens-Änderung. Statt pessimistisch heißt es nun optimistisch denken, handeln und leben.

Optimismus versus Pessimismus

Wer glücklich ist, betont sein Leben. Er ist positiv gestimmt und erinnert sich häufiger an Schönes. Schöne frühere Empfindungen übertragen sich auf die Gegenwart.

Glückliche Menschen werden oft zu Optimisten.

Beim Pessimisten ist die Verhaltensweise umgekehrt. Personen aus dieser Menschengruppe riskieren eher zu erkranken oder gar in eine depressive Stimmung zu fallen.

Die Wissenschaft ist sich nicht einig, ob und wenn ja, inwieweit Glück einen Einfluss auf die Länge des Lebens hat. Die meisten Forscher sind allerdings überzeugt, dass glückliche Menschen gesünder und (unter anderen dadurch) länger leben.

Zumindest wird das Leben unbeschwerter und vieles ist leichter zu regeln.

Hilfreich ist auch, wenn Menschen Ansprüche und Erwartungen senken. Dadurch werden sie gelassener und stressfreier.

Weiter hilft es ihnen, eigene Stärken zu betonen und Schwächen zu akzeptieren. Dabei gilt, dass der Betreffende sich selbst gegenüber ehrlich bleibt und die Akzeptanz seiner selbst von innen kommt.

Wer seine eigene Persönlichkeit, seine Stärken, Schwächen, Vorlieben und Abneigungen kennt, kann das eine oder andere Verhaltensmuster gegebenenfalls anpassen/optimieren. Das hilft, auf dem Weg zum Glück schneller voranzukommen.

Und schließlich: Optimistisch sein! Wer sich umschaut im Lebensalltag wird bedauerlicherweise Vieles wahrnehmen, was als unschön, kritisch oder gar gefährlich zu betrachten ist.

Es brächte keinen Vorteil, sich deswegen zu verstecken und in eine bedrückende Gefühlswelt zu verfallen.

Besser ist es, das Gute im Leben zu erkennen und zu sehen. Trotz aller Widrigkeiten gibt es viel Schönes und Vorteilhaftes im – immerhin einmaligen – Leben.

Wer Neues neugierig und interessiert betrachtet, den eigenen Denkrahmen sprengt, fremde Lebensweisen respektiert, erweitert ohne große Anstrengung seinen Horizont.

Der Optimist zieht die Vorteile aus allen Wahrnehmungen und Erkenntnissen. Sein Leben wird durch seine Lebenseinstellung noch optimistischer – und glücklicher.

Geld und Glück

Geld macht nur bedingt glücklich

Der in Großbritannien geborene Ökonomieprofessor und Wirtschaftsnobelpreisträger (Nobelpreis 2015) Sir Angus Stewart Deaton (*1945) führte an der Universität Princeton (USA) folgende Untersuchung durch.

Er nahm an, dass Einkommen und Glücklichsein einander bedingen. Er untersuchte und erkannte, dass steigendes Einkommen das Gefühl des Glücklichseins beeinflusst.

Also muss jemand nur mehr Geld verdienen, um glücklich zu sein? Ist das so?

Nein, nur bedingt. Denn: Verdient jemand 1.000 Euro monatlich und erhält 100 Euro mehr, dann löst diese Erhöhung ein deutlich positives Gefühl aus.

Verdient eine Person bereits 5.000 Euro im Monat, dann löst eine Erhöhung von 100 Euro nicht dasselbe Glücksgefühl aus. Je kleiner der ursprüngliche Basis-Betrag, desto deutlicher das Glücksempfinden.

Das folgende Diagramm soll das verdeutlichen.

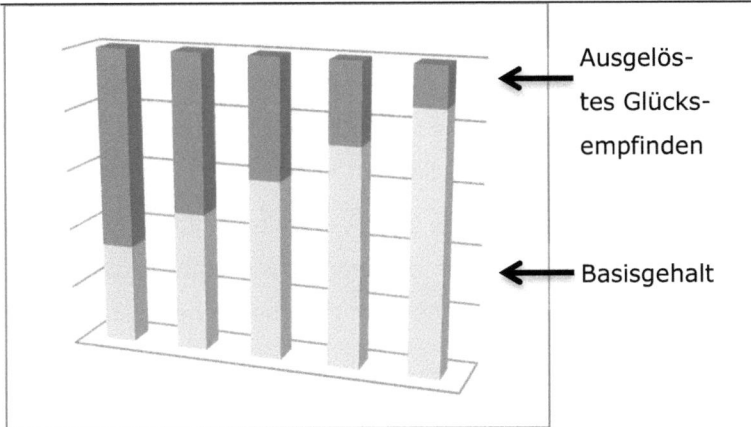

Die hellen Säulenteile unten stellen das verschieden starke Basis-Gehalt dar. Die dunkleren Säulenteile oben das jeweilige Glücks-empfinden bei der Erhöhung von 100 Euro.

Die magischen 5.558 Euro

Gut, jetzt ist dargestellt, dass es eine gefühlte Grenze (Geld-Plateau) gibt, ab wann zusätzliches Geld nur noch wenig Glücksge-fühl auslöst.

Deaton hat zusammen mit dem in Israel geborenen Daniel Kahnemann (1934 – 2024), der übrigens auch einen Nobelpreis (Wirtschaftsnobelpreis 2002) erhielt, von immerhin 450.000 Interviews die Ergebnisse ausgewertet und analysiert.

Sie kamen zu dem Ergebnis, dass bis zu einem Jahreseinkommen von 75.000 Dollar (ca. 66.700 Euro, Stand Herbst 2016) das Glücksempfinden beeinflusst wird, danach so gut wie nicht mehr. Pro Monat sind das umgerechnet etwa 5.558 Euro.

Das Ergebnis ist hochinteressant, lässt es doch den Rückschluss zu, dass Geld nicht glücklich macht – was der Volksmund schon lange meint.

Materieller Status

Die hiesige Gesellschaft ist allerdings sehr stark auf materielle Werte ausgerichtet. Je mehr jemand erwirtschaftet, desto höher kann sein Status in der Gesellschaft werden.

Tatsächlich ist der materielle Status gerade bei jüngeren Leuten nicht mehr ganz so deutlich ausgeprägt wie unmittelbar in der Nachkriegszeit, aber immer noch im täglichen Leben zu beobachten.

Auch Menschen ohne deutlichen materiellen Hintergrund schaffen es, einen hohen sozialen Stellenwert zu erzielen.

Der gefundene Betrag von ungefähr fünfeinhalb Tausend Euro soll darauf hinweisen, dass es am Ende keine Rolle mehr zu spielen scheint, ob jemand einen Bonus von 6 oder 7 Millionen Euro erhält (zumindest nicht das Glücksempfinden betreffend) – auch wenn er das Leben angenehmer gestalten kann.

Aus dieser Überlegung ist schwer nachzuvollziehen, weshalb nach wie vor viele Manager mit jährlichen Bonuszahlungen in zweistelliger Millionen-Höhe ‚belohnt' werden. Nur wenige aus der Bevölkerung empfinden solche Beträge als gerecht oder als sinnvoll.

So nebenbei: Ein Nobelpreis ist mit 8 Millionen schwedischen Kronen dotiert (bis 2011 mit 10 Millionen), zurzeit sind das mehr als 850.000 Euro. ... Da lässt sich gut glücklich sein ...

Geld allein macht nicht glücklich – oder doch?

Macht mehr Geld doch glücklicher?

Zu einem anderen Ergebnis kommt der Psychologe Matthew Killingsworth von der University of Pennsylvania.

Es wurden im Jahr 2023 33.000 erwerbstätige Erwachsene in den USA über eine längere Zeit befragt. Sie wurden in unregelmäßigen Abständen kontaktiert und sollten antworten auf die Frage:

„Wie fühlen Sie sich gerade?"

Aus den etwa 1.700.000 Einzeldaten ergab sich, dass es die virtuelle Grenze von 75.000 Dollar nicht gab. Bei noch reicheren Leuten zeigten sich mehr positive Gefühle.

Also spielt höheres Einkommen doch eine Rolle dafür, das Glück positiv(er) zu empfinden.

Glücks-Plateau – Geld-Plateau

Kahnemann sah das Glücks-Plateau bei 75.000 Dollar erreicht. Killingsworth zeigt, dass solch ein Glücks-Plateau nach seinen Untersuchungen nicht gegeben ist.

Linke Darstellung mit Glücks-Plateau, rechts ohne.

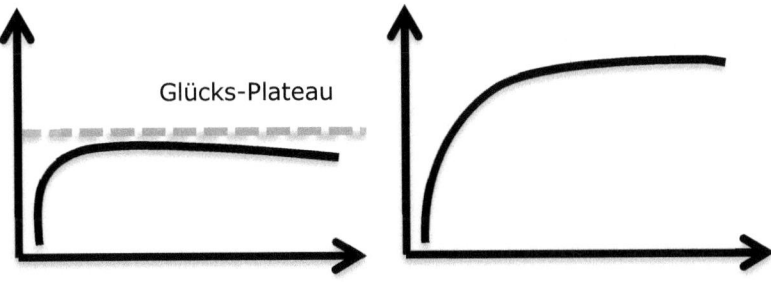

Glücks-Plateau

Reichtum macht glücklich?

Eine weitere Sicht haben hier zwei US-amerikanische Wissenschaftler. So behaupten die beiden Ökonomen Betsey Stevenson (*1971) und Justin Wolfers (*1972), dass es sehr wohl einen direkten Zusammenhang zwischen Reichtum und Glück geben soll.

Das wiesen sie in den sogenannten Gallup-Umfragen nach und begründeten ihr Ergebnis aufgrund von Untersuchungen aus 155 Ländern.

Die Gallup-Organization, eine der führenden Markt- und Meinungsforschungsinstitute in den USA, befindet sich in Washington, D.C.

Je reicher die Menschen eines Landes sind, desto zufriedener und glücklicher werden sie. Auch andere Untersuchungen ergeben, dass es keine Glücksbegrenzung nach oben gibt.

Dazu meinte der US-amerikanische Wirtschaftswissenschaftler Richard Ainley Easterlin (*1926) schon 1974, dass ein höheres Einkommen den Einzelnen sehr wohl glücklicher macht, was aber keinen direkten Einfluss auf das Glücksempfinden einer kompletten Bevölkerung einer Nation haben soll.

Nun, wie dem auch sei, offenbar beschäftigen sich viele Menschen mit der Frage, inwieweit Geld und Glücklichsein zusammenhängen.

Je reicher, je glücklicher? Wann wäre dann ‚glücklich sein‘ schließlich zu 100 % erfüllt? Träfe das überhaupt auf jemanden zu, ließe sich das Glücklichsein endlos steigern?

Mehr Geld ermöglicht ein anderes Leben

Es lässt sich folgender Kompromiss finden: Mehr Geld ermöglicht es sicherlich, anderes oder mehr oder Besseres einzukaufen.

Dadurch verändert sich meistens das Lebensgefühl, gegebenenfalls auch das Ansehen.

Wer es schafft, nicht nur die Höhe des Materiellen als Glückslatte anzulegen, sondern deutlich auch auf andere Bereiche Wert legt – die auch in diesem Ratgeber beschrieben werden – kann sicher glücklich beziehungsweise glücklicher werden.

Weiter: Sobald das Geld ein materielles Sicherheitspolster bildet, kann sich der Glückssuchende sorgenfreier auf die Erfüllung seiner Suche begeben.

Meine Einstellung zum Leben

„Das Leben ist ein dorniger Rosenstock
und das Glück seine Blüten."
Konfuzius (Kung fu tzu), chin. Philosoph
(551 - 479 v. Chr.)

Positives Lächeln setzt Glückshormone frei

Im Zusammenhang mit vorliegendem Themenbereich ist folgende Erkenntnis interessant. Wird gelacht oder gelächelt, beeinflussen die zum Lächeln benötigten Muskeln das Gehirn dahingehend, Glückshormone freizusetzen.

Das bedeutet, dass fast jener, der häufiger lacht oder lächelt nicht nur eine gute Stimmung verbreitet, sondern seinen eigenen Körper so beeinflusst, dass er Glücksempfindungen wahrnimmt. Wunderbar. Das ist doch eine geniale Einrichtung der Natur, die jeder gezielt für sich umsetzen kann. Bringen Sie sich in eine lächelnde Stimmung!

Guten Morgen!

Der Wecker klingelt, es ist recht früh am Morgen. Nicht verzweifeln und jammern, dass die Nacht schon vorbei ist und Sie sooo gerne noch liegenbleiben würden. Nein:

- Freuen Sie sich, dass Sie einen neuen Tag erleben dürfen.

- Freuen Sie sich darüber, dass es noch relativ früh ist, denn dann können Sie mehr vom anstehenden Tag genießen.

- Freuen Sie sich auf die Dinge und Herausforderungen, die auf Sie zukommen.

Ihre Stimmung wird eine ganz andere sein, als würden Sie sich regelrecht in den Tag hineinquälen.

Ikigai – Wofür es sich zu leben lohnt

Die Japaner haben hin und wieder eine deutlich andere Lebenseinstellung als Menschen hiesiger Kultur.

Beispielsweise haben sie einen Begriff für folgende Überlegung:

„Das, wofür es sich zu leben lohnt."

Das Wort lautet ‚Ikigai‘, sinngemäß ‚Lebenssinn‘ oder ‚Lebensfreude‘.

Die Freude am Leben zeigt sich vielfältig. Zum Beispiel in einer vertrauten Partnerschaft, in Kunst und Natur, bei Kultur und Sport.

Wer nach dem Gedanken des ‚ikigai‘ lebt, hat sich weitestgehend selbst verwirklicht und empfindet das angenehme und beruhigende Gefühl der sozialen Zugehörigkeit.

Der Betreffende gibt seinem Leben einen Sinn und weiß, welche ‚Berufung‘ ihn ausmacht.

Wer seinem Leben einen Sinn gibt, weiß, weshalb er morgens aufsteht. Er freut sich auf den Tag und auf die dort auf ihn wartenden Herausforderungen.

Die japanische Psychologin Mieko Kamiya (1914 – 1979) hat sich viel mit der Bedeutung des Begriffs auseinandergesetzt.

Mit der Lebensstrategie ‚ikigai‘ wird die Zufriedenheit gesteigert und einen Schritt weiter auf das Glück zugegangen.

Begrüßen Sie Ihr Spiegelbild!

Sie befinden sich in Ihrem Badezimmer. Schauen Sie in den Spiegel und lächeln sich an!

- Freuen Sie sich, dass Sie einem so netten Menschen ins Gesicht schauen dürfen.
- Freuen Sie sich darauf, dass Sie mit diesem Menschen die nächsten Stunden des Tages erleben dürfen.

- Freuen Sie sich darüber, dass Sie solch eine gute Stimmung haben.

Kritiker mögen nun behaupten, dass sich der Betreffende ja selbst etwas vormachte, ging er so mit sich selbst um. Grundsätzlich mag diese Kritik gerechtfertigt sein.

Die Psychologie lehrt hingegen, dass ein Mensch durch diese Art der Eigen-Motivation eine bessere Stimmung erhält.

Diese bessere Stimmung beeinflusst das Lebensgefühl und damit auch das Glücklichsein sowie die Gesundheit und möglicherweise auch eine gesteigerte Lebenserwartung.

Was gibt es dabei zu verlieren?

Es ist davon auszugehen, dass Sie gerne mit fröhlichen Menschen zu tun haben und den Miesepeter lieber links liegenlassen.

Demzufolge werden andere Menschen auch so empfinden.

Weshalb sollten sie dann gerne mit Ihnen umgehen, wenn Sie missgelaunt auftreten? Sie haben lieber mit Ihnen zu tun, wenn Sie als fröhliche Person wahrgenommen werden. Also noch ein Grund mehr, sich selbst anzulächeln.

Das ‚echte‘ Duchenne-Lächeln

Schon im Jahre 1862 fiel dem französischen Anatom Duchenne (Guillaume Benjamin Amand Duchenne de Boulogne, 1806 – 1875) der kaum wahrnehmbare Unterschied zwischen aufrichtiger Freude und grimassenhaften Grinsen beim Lächeln auf.

Duchenne stellte fest, dass ein Lächeln mit dem Mund so lange kein Zeichen von Fröhlichkeit ist, bis sich auch jener Teil des Muskels zusammenzieht, der das Auge umgibt.

Das sogenannte ‚Duchenne-Lachen‘ gilt heute als Ausdruck offener und ungetrübter Heiterkeit.

Das Zusammenspiel der Gesichtsmuskeln

Mehr als 100 Jahre später, in den 70er Jahren, erkannte der US-Psychologe und Mimikforscher Paul Ekman (*1934), dass genau 24 Gesichtsmuskeln zusammenspielen und die Bandbreite bei Gefühlsregungen bei Über- beziehungsweise Unterlegenheit darstellen.

Dieses Zusammenspiel der Gesichtsmuskeln sagt deutlich mehr aus als gesprochene Worte, ja, es lässt im Dialog sogar wissen, welcher Gesprächspartner der Überlegene ist.

Laut Dr. Jörg Merten, Psychologe an der Universität in Saarbrücken, löst das Zusammenspiel der Gesichtsmuskeln in einem winzigen Augenblick fast unbewusst wahrnehmbar Ekel aus, wenn jemand zu lange angestarrt wird.

Die Oberlippe bewegt sich dann leicht zur Nasenspitze und die Nase zieht sich ein wenig zusammen.

Action Units

1978 führten Carl-Herman Hjortsjö (1914 – 1978) und Paul Ekman den Begriff ‚Action Units' ein.

Nach diesen beiden Forschern bestehen die elementaren Grundbewegungen aus 46 sogenannten ‚Action Units' (Bewegungs-Einheiten). Aus diesen Grundbewegungen setzt sich das komplette Mimenspiel des Gesichts zusammen. Zum Beispiel:

- ‚Action Unit 6' (‚Heben der Wangen')

- ‚Action Unit 12' (‚Heben der Mundwinkel')

Das menschliche Lächeln ist durch eine festgelegte Folge von Muskelbewegungen charakterisiert. Der Bewegungsablauf dieser Folge zeigt, ob es sich um ein echtes Lächeln handelt.

Ist das Lächeln hingegen geheuchelt, verzögert oder verändert sich dieser Ablauf. Nach Entschlüsselung dieser Bewegungsfolgen startete Terrence Joseph Sejnowski (*1947) eine interessante Versuchsreihe.

Es war ihm beim Versuch am Rechner möglich, 95 Prozent geheucheltes Lächeln von echtem Lächeln zu unterscheiden.

Ziel dieser Arbeit mit dem Rechner war es, alle Informationen zu entschlüsseln, die das Gesicht unwillkürlich unbewusst mitteilt.

Gesichtserkennung

Als greifbare Vision könnte dieses System somit Zugriff/Zugang, nach erfolgter Identifizierung, auf Konten, zu Tresoren, an Eingangssperren und so weiter erlauben.

Das System könnte Medizinern, Psychiatern und Psychologen helfen, die Mimik ihrer Patienten zu deuten. Für Gerichtsverfahren oder bei Polizeibefragungen öffneten sich ungeahnte Möglichkeiten.

Passkontrollen könnten sich anders gestalten, Bankräuber könnten leichter wiedererkannt werden. In Dialogen, Verhandlungen und Verkaufsgesprächen gäbe es fast keine Geheimnisse mehr.

Allerdings wäre auch absolute Menschenüberwachung nicht nur in Städten dadurch keine Utopie mehr.

Vieles, was heute diesbezüglich noch als Zukunftsmusik angenommen wird, ist bereits greifbare Realität.

In einigen Ländern wird die Gesichts-Erkennung erfolgreich aktiv eingesetzt.

Im nächsten Schritt – dem Erkennen von Emotionen (Traurigkeit, Langeweile, Stress und andere) arbeitet die Künstliche Intelligenz (KI) mit Erfolg.

So könnten gegebenenfalls Humanoiden (menschenähnliche Roboter) die Möglichkeit programmiert werden, auf die Stimmung und das Verhalten des menschlichen Gesprächspartners zu reagieren.

Lauthals lachen

Miteinander lachen bedeutet das Bekenntnis gegenseitiger Sympathie.

Diese Sympathie ermöglicht es erst, offen miteinander lachen zu können. Menschen, die sich nicht mögen, finden keinen Grund miteinander zu lachen oder sich gegenseitig anzulachen. Zumindest soll das bösartige, sarkastische Lachen in diesem Moment außen vor gelassen werden.

Lachen hilft demnach dem Menschen, eine angenehme soziale Bindung aufzubauen. Außerdem verbessert es den Allgemeinzustand und baut Stress ab. Beim Lachen werden Endorphine ausgeschüttet. Diese tun dem Menschen gut.

Lacht ein Mensch, werden immerhin 80 Muskeln aktiv. Das zeigt, welch intensiver Vorgang hier im Körper abläuft.

Lachtränen – Glückstränen

Hin und wieder werden sogenannte Lachtränen ausgelöst. Das erklärt, weshalb manchmal einer ‚vor Freude weint'.

Machen Sie sich doch das Lachen zu Ihrem Vorteil. Lachen Sie sich – zum Beispiel im Spiegelbild – doch häufiger mal an. Zeigen Sie ein strahlendes Lächeln und beweisen Sie sich, welch ein sympathischer und liebenswerter Typ Sie sind. Trainieren Sie, sich selbst zu mögen und zeigen Sie sich das.

Bei starkem Wechsel von Emotionen kann es sein, dass der Hypothalamus – zuständig für die Hormone – Tränen vergießen lässt. Unabhängig eines positiven oder negativen Gefühls. So kommt es bei Traurigkeit zu Tränen, wie auch bei Glücksempfinden.

Weinen vor Glück

Ist jemand stark emotional betroffen, baut sich im Körper sehr viel Stress auf. Der Stress wird so stark, dass er regelrecht ‚entladen' werden muss. Manche Menschen schreien dann oder schlagen mit der Faust auf den Tisch oder springen sogar schlagartig auf, die Arme weit hoch gestreckt.

Interessanterweise sind dieselben körperlichen Reaktionen zu erkennen, egal ob es sich um negativen oder positiven Stress handelt. Jemand hat gerade nach einem kräftezehrenden sportlichen Wettbewerb einen Preis gewonnen.

Er schreit laut aus, streckt die Arme siegesbewusst in die Höhe. Der komplette Körper zeigt, wie angespannt er war und wie er sich durch dieses Verhalten wieder beruhigt.

So ist auch zu erklären, weshalb Menschen nicht nur bei Trauer, erfahrener Ungerechtigkeit, Enttäuschung oder Frust weinen. Sie weinen auch dann, wenn die auslösende Situation freudig, lustig oder positiv geprägt ist. Oft wird hier von Freudentränen oder Glückstränen gesprochen.

In allen vergleichbaren Fällen kann angenommen werden, dass der Mensch die Kontrolle über seinen Körper verliert – er also hilflos ist. Hilflos, wie er reagieren soll – und so kommt es dazu, dass er weinen muss. Das Weinen zeigt dann die empfundene Hilflosigkeit.

Der deutsche Dichter Emil Gött (1864 – 1908) meinte:

„Glaub mir: Vor das Glück setzen die Götter die Tränen."

Weg mit den Glücksverhinderern

Mehrere Einflüsse tragen dazu bei, Glücksempfinden zu blockieren oder zu vermeiden. Glücksverhinderer blockieren das Empfinden von Glück.

Solche Ereignisse können von außen auf den Menschen treffen oder vom Inneren der Person selbst stammen.

Durch die Erkenntnis geprägt, dass Glück hervorragend für den Menschen ist, sollten Glücksverhinderer so weit wie möglich vermieden werden.

Störungen von außen

Bedauerlicherweise gibt es manchmal Situationen, die Glücksgefühle zunichtemachen.

Beispielsweise Umweltkatastrophen wie Erdbeben, Vulkanausbrüche, Lawinenabgänge, Wirbelstürme, Überschwemmungen und Vergleichbares.

Naturgewalten wie Wasser und Feuer können Geschaffenes in wenigen Augenblicken unwiderruflich zerstören. Die Natur zeigt ihre enorme Kraft.

Der betroffene Mensch muss von vorn beginnen, seine Existenz aufzubauen.

Manchmal trägt ein schwerer Unfall, eine unheilbare Krankheit, ein Überfall oder eine kriegsähnliche Auseinandersetzung dazu bei, einen erheblichen Lebens-Einschnitt vorzunehmen.

Neid, Missgunst, Gerüchte oder Mobbing durch andere können den Betroffenen fast verzweifeln lassen.

Auch der Tod eines geliebten Menschen kann jemanden ‚aus der Bahn' werfen. Die ‚Kontrolle' über das eigene Leben geht – vorübergehend gedanklich verloren.

„Ich habe die Kontrolle über mein Leben verloren."

Dadurch entstehender Stress aller Art, Existenzängste, steigende Lebenshaltungskosten und andere lassen Menschen an den Rand des Aushaltbaren bringen.

So schwer es klingen mag – es heißt aufzustehen, anzupacken und das Leben neu zu gestalten. Wer diese Stärken aufbringen kann, wird nach einer gewissen Zeit auch wieder Glück empfinden können.

„Ich gewinne die Kontrolle über mein Leben zurück."

Störungen von innen abbauen

Drogen, Alkohol, Sucht nach Materiellem oder Status/Macht können scheinbares Glück bringen. Ob das Gefühl dauerhaft anhalten kann? Wohl kaum. Es braucht immer neuen Nachschub von Drogen, Alkohol und so weiter, um das Glücksgefühl ständig neu entstehen zu lassen.

Es gehört unter Umständen eine beachtliche Kraft dazu, die Einflüsse von innen zu bekämpfen. Trübsal blasen hilft auch hier nicht.

Immer wieder kommt es einmal vor, dass sich ein Mensch in einer sogenannten kognitiven Falle verfängt. Kognitiv bedeutet ‚die Erkenntnisse betreffend' und soll zeigen, wie durch eine andere Sicht der Falle entgangen werden kann.

Der Betreffende steht mit einem Fuß bereits in solch einer Falle, wenn er ein Alles-oder-Nicht-Denken sieht. Er kennt nur das Entweder oder das Oder. Dabei gibt es noch zig verschiedene Grautöne.

Am besten Verallgemeinerungen wie ‚immer', ‚nie', ‚alle' vermeiden, eher die Individualität berücksichtigen. Ausnahmen gibt es in den meisten Fällen.

Bei genauer Betrachtung ist schnell festzustellen, dass deshalb die wenigsten Verallgemeinerungen eine Daseinsberechtigung haben.

Die Medien tragen dazu bei, dass die Nutzer regelrecht mit schlimmen Nachrichten ‚bombardiert' werden. Selbstverständlich ist es aufregend, über Schlimmes zu berichten. Die Gefahr dabei ist, dass es nach einer Weile nur noch Schlechtes zu geben scheint. Das verstärkte Aufkommen von Fake News verschlimmert die Situation.

Stopp! Suchen Sie sich die schönen Dinge, die tagtäglich geschehen und heben diese hervor.

Und noch etwas: Immer dann, wenn Sie denken oder sagen „Ich muss noch ..." setzen Sie sich selbst unter Druck. Wer hat das Recht, Ihnen zu ‚befehlen', dies oder das zu tun?

Das Wort ‚müssen' baut unter Umständen einen enormen inneren Druck auf. Der Körper bäumt sich gegen diesen Druck auf. Kein Wunder, dass in diesen Situationen kein Glücksempfinden entstehen kann.

Schlechtes Gewissen ablegen

Abschließend soll noch die Falle des schlechten Gewissens angesprochen werden. Wie an anderer Stelle dieses Ratgebers beschrieben, lässt sich das schlechte Gewissen schnell aufbauen – auch durch Dritte –, weshalb manche Menschen sogar vermeiden, glücklich zu sein.

Selbstverständlich ist es korrekt und angebracht, sich im sozialen Umfeld ‚ordentlich' zu bewegen. Andererseits kann jeder das tun, was er für richtig empfindet (solange er andere Menschen weder psychisch noch physisch belästigt).

Grundsätzlich ist es aber relativ egal, was der ‚Nachbar' darüber denken könnte, wie eigene Verhaltensmuster umgesetzt werden.

Leben Sie nicht nach der Wunschvorstellung Ihres Nachbarn. Das wäre ein sogenanntes Fremd-Leben. Verhalten und leben Sie so, wie Sie es für richtig empfinden und wie es <u>Sie</u> glücklich macht.

Glücklich werden

Ressourcen nutzen

„Der Mensch nimmt nicht eher Anteil
an anderer Glück oder Unglück,
als bis er sich selbst zufrieden fühlt.
Machet also, dass er mit Wenigem zufrieden sei,
so werdet ihr gütige Menschen machen."
Immanuel Kant, dt. Philosoph
(1724 - 1804)

Immaterielle Quellen anzapfen

Die Welt bietet dem Menschen unglaublich viele verschiedene Ressourcen an.

Unter Ressourcen lassen sich materielle Quellen wie beispielsweise Bodenschätze verstehen. Dazu gehören Kohle, Erdgas, Mineralien, Edelsteine, Gold und vieles andere mehr.

Nun wird der Begriff Ressourcen auf das Menschliche übertragen, obwohl es klar ist, dass oben erwähnte oder vergleichbare Ressourcen helfen, das Leben auch leben zu können!

In diesem Ratgeber wird das Augenmerk eher auf immaterielle Werte gelegt. Hierunter werden die Kräfte, die ein Mensch als solcher besitzt, verstanden.

Dazu gehören die Fähigkeiten wahrzunehmen, zu analysieren und einordnen zu können.

Weiter die Möglichkeit, sein eigenes Handeln reflektieren zu können, sowie das Erkennen der Zeitabläufe und die damit verbundene Erkenntnis der Vergänglichkeit.

Teil 2 – Wie werde ich glücklich?

Gute Umgangsformen und wertschätzendes Miteinander ergänzen die Auflistung. Viele Menschen beklagen eine Art Verrohung der Sitten. So ist jeder aufgerufen, mit seinen Möglichkeiten dazu beizutragen, dem Miteinander (wieder) mehr Aufmerksamkeit und Respekt zu widmen

Deshalb zählen zu den immateriellen Werten die sozialen Fähigkeiten, mit anderen zu kommunizieren, zu interagieren, Empathie aufzubauen und Vertrauen zu schenken.

Allein diese Beispiele der menschlichen Ressourcen sollen zeigen, auf welch großartiges und umfangreiches Potenzial ein Mensch zurückgreifen kann.

Der Mensch hat somit nicht nur die Fähigkeit, sein individuelles Handeln und Leben zu optimieren, sondern es so zu beeinflussen, dass es sein eigenes Glücksempfinden positiv ausbaut.

So ganz nebenbei beeinflusst er durch sein positives Verhalten sein soziales Umfeld. Nach dem Prinzip „Wie in den Wald hineingerufen wird, so schallt es heraus", kommt das wertschätzende Verhalten anderen gegenüber zurück.

Der Mensch kann mit Wörtern, Gesten und Betonungen vielfältig kommunizieren. Er kann Erlebtes wiedergeben. Es ist möglich, über die Zukunft nachzudenken. Er kann sich über Gefühle verbal und nonverbal austauschen.

Ja, es ist ihm als (sehr wahrscheinlich) einziges Lebewesen möglich, ironisch zu sein. Großartige Fähigkeiten, die ihm in der Kommunikation zur Verfügung stehen.

Optionen sortieren

Bei diesem schier endlosen Angebot an Ressourcen mag der eine oder der andere überfordert sein. Wo soll er mit dem ‚Schürfen' der Ressourcen anfangen?

Um eine im Ansatz nachvollziehbare Struktur zu ermöglichen, könnten Sie sich nun erst einmal in Ruhe zurücklehnen und überlegen, was Ihnen in Ihrem Leben überhaupt wichtig ist.

Möglicherweise klingt diese Frage zuerst einmal banal. Tatsächlich ist sie für die meisten Menschen gar nicht so einfach zu beantworten. Also:

Was ist wichtig im Leben?

Der eine will viel Sport treiben, der andere möglichst oft auf Partys oder Reisen gehen. Wieder ein anderer sammelt virtuelle Spielfiguren, wohingegen ein weiterer darauf achtet, täglich mindestens zwanzig Posts in den sozialen Medien zu platzieren.

Bekannterweise ist die Tages- und damit auch die Lebenszeit begrenzt, sodass nicht jeder alles umsetzen kann, was er gerne möchte. Demnach sollten Sie sich einig werden, was aus allen wichtigen ‚Dingen' wirklich die wichtigsten für Sie sind – zumindest aus jetziger Situation heraus.

Die Werte oder das, was jemand als wichtig bezeichnet, können sich natürlich im Laufe des Lebens ändern.

Da Sie ja nun mal schon bequem sitzen, greifen Sie zu einem Block und einem Stift (oder natürlich zu Ihrem Smartphone). Schreiben Sie auf, was Ihnen wichtig ist. Vage Beschreibungen wie ‚Schöner leben' sind wenig greifbar und in Folge auch schwierig verwendbar. Lieber: ‚Eine Kuschelecke auf dem Sofa haben'.

Prioritäten setzen

Sobald Sie sich darüber im Klaren sind, was für Sie wichtig im Leben ist, können Sie eine Rangliste erstellen, in der die Prioritäten erkennbar sind.

Sie werden feststellen, dass es gar nicht so leicht ist, solch eine Liste zu erstellen – und dann auch noch in eine Hierarchie zu geben.

So könnten Sie hinter jeder Ihrer Auflistungen ein, zwei oder drei Sternchen setzen. Die Werte mit den meisten Sternchen sind Ihre wichtigsten Werte.

Drei Sterne stehen hier für eine höhere Priorität. Aus dieser Darstellung heraus können Sie später leichter Ziele ableiten.

Gruppierung

Zuerst einmal sollten nun Ihre Punkte gruppiert werden.

Kennzeichnen Sie Ihre Auflistungen mit den Buchstaben A, B und C. Dabei steht A für Materielles, B für Immaterielles und C für Nutzen der Zeit.

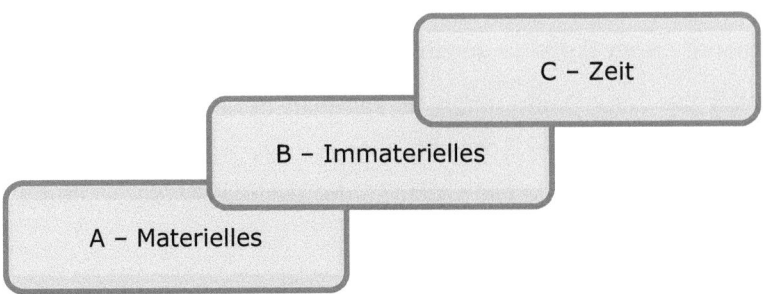

Wenn Sie sich die Mühe machen, Ihre Auflistung so zu Papier zu bringen, können Sie relativ leicht erkennen, was für Sie wichtig ist.

Beispiel:

- Auto kaufen * (A)
- Ruhe gönnen *** (C)
- Laptop ersetzen ** (A)
- Eltern besuchen *** (B)

A – Materielles

Sobald die Finanzierung gewährleistet ist, können Sie die materiellen Dinge erstehen und damit die Auflistung nach und nach kürzen beziehungsweise gegebenenfalls ganz abarbeiten.

B – Immaterielles

Schwieriger ist es schon bei den immateriellen Dingen, wie zum Beispiel die Eltern besuchen. Da in der oben dargestellten Liste dieser Punkt beispielgebend erwähnt ist, zeigt er den Bedarf oder den Wunsch, den Eltern baldmöglichst einen Besuch abzustatten – immerhin ist der Punkt mit drei Sternchen versehen.

Weshalb ist es nicht geschehen? Fehlt Geld für den Besuch? Dann könnte dieser Punkt ja gegebenenfalls in die Gruppe A wandern.

Fehlt die Zeit? Dann gehört er vielleicht in die Gruppe C. Oder fehlt einfach nur der Schwung, hier aktiv zu werden? Ist es eine Sache der fehlenden Motivation? Oder der Prioritäten? Achtung: Sternchen vergleichen!

Vereinfacht könnte appelliert werden: „Dann besuchen Sie doch Ihre Eltern!"

C – Zeit

Am schwierigsten ist für die meisten, die sich mit diesem System befassen, die Gruppe C zu bearbeiten.

Hier spielt der Zeitfaktor die ausschlaggebende Rolle. Deshalb wird sich dem Gedanken rund um die Zeit etwas später gewidmet.

Beim Thema Zeit soll nicht unterschätzt werden, dass Vergangenes unwiderruflich vorbei ist. Jede Minute ist kostbar und soll entsprechend genossen werden können.

Gerade in einer hektischen Zeit, in der die meisten Menschen der hiesigen Kultur leben, ist es relativ wichtig, sich Gedanken über den Wert der Zeit und der eigenen Lebenszeit zu machen.

Der Weg zum Glücklichsein

„Willst du einen Augenblick glücklich sein, räche dich.
Willst du ein Leben lang glücklich sein, schenke Vergebung."
Jean Baptiste Henri Lacordaire, frz. Theologe
(1802 - 1861)

Ziele setzen, die zum Glücklichsein führen

Manche haben Tagträume, manche Wünsche, die sich nie erfüllen. Soll das Glücksempfinden gesteigert werden, müssen Wünsche in Erfüllung gehen. Das tun sie dummerweise manchmal nicht. Deshalb sollen zunächst einmal die Unterschiede zwischen bestimmten Begriffen dargestellt werden.

Um sauber strukturiert und erfolgsorientierter vorzugehen, müssen Überlegungen dazu angestellt werden, was überhaupt als Ziel zu bezeichnen ist.

Dazu bedarf es der Abgrenzung der Begriffe Utopie, Traum, Wunsch, Vision und Ziel. Diese fünf Begriffe wurden in einer Pyramide übereinandergesetzt. Die Erläuterungen beginnen unten an der Basis der Pyramide und arbeiten sich nach und nach nach oben.

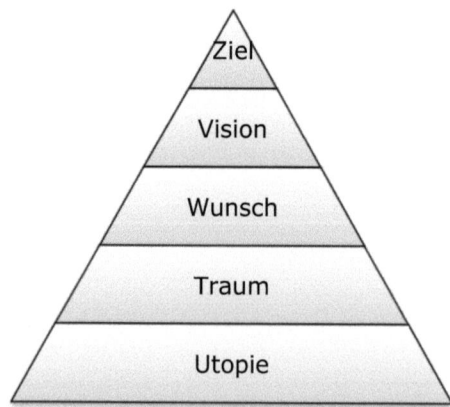

Utopie

„Das ist utopisch", so lässt mancher Zeitgenosse verlauten.

Utopie bedeutet eine fiktive Gesellschaftsordnung, die nicht an die vorherrschenden und klassischen, kulturellen Gegebenheiten oder Bindungen gebunden ist.

Zum Beispiel: Jeder kann tun und lassen was er will, ohne von einem anderen behindert zu werden. Dieser Gedanke ist allerdings utopisch.

Kann jeder tun was er will, beeinflusst er gewollt oder ungewollt die Bedürfnisse anderer Menschen. Demnach können andere Menschen nicht mehr ungestört das umsetzen, was sie wollen.

So wird schnell klar, dass solch ein Leben nicht realisierbar wäre.

Eine utopische Gesellschaftsordnung kann nach vorliegender Überlegung (bedauerlicherweise) an keinem Ort dieser Welt existieren.

„Das ist leider utopisch."

Dystopie

Als Gegenteil der Utopie gilt die Dystopie.

In einer fiktiven, in der Zukunft spielenden Welt wird eine Gesellschaftsform beschrieben, die einem negativen Ende (der Gesellschaft) zustrebt.

Wohingegen die Eutopie eine Gesellschaftsform beschreibt, die positiv alle Menschheitsträume verwirklicht – nach tatsächlicher Überlegung – aber auch nie funktionieren wird.

Wer sein Glücksempfinden steigern will, dem sollte von vornherein klar sein, dass eine Utopie niemals Realität werden kann.

Im Jahre 1516 veröffentlichte der englische Staatsmann Thomas Morus (1478 – 1535) auf Betreiben des niederländischen Gelehrten Erasmus Desiderius von Rotterdam (1466/1469 – 1536) einen Roman ‚Utopia‘, der eine Idealwelt darstellt.

Ein Seemann verbringt eine gewisse Zeit bei den Utopiern, wo er eine fast ideale Gesellschaft findet. Der Roman ist und bleibt ein Roman; ist also nicht real.

Und da die Utopie nicht in Erfüllung gehen kann, kann sich auch kein gesteigertes Gefühlsempfinden ergeben. Wenden Sie sich deshalb von der Utopie ab und dem Traum zu.

Das heißt: Stecken Sie sich realistische Ziele und nehmen sich Dinge vor, die erreichbar sind. Obwohl utopische Vorstellungen verlockend sein können, wenn sie nicht real.

Diese Vorgehensweise hilft dem Steigern des eigenen Glücklichseins nicht.

Traum

Träume sind etwas Wunderbares. Glücklich können sich bereits diejenigen schätzen, die sich nach dem Aufwachen am Morgen an ihre Träume erinnern können.

Menschen, die einander nie gesehen haben oder gesehen haben können, treffen im Traum aufeinander. Sie können dort miteinander kommunizieren, lebhaft diskutieren, Pläne schmieden – alles ohne direkte Veränderung der Realität. Wie schön. Sie treten miteinander in Interaktion – ohne Konsequenzen, da es sich ja um einen Traum handelt.

Wenn Sie von etwas träumen, wird sich für Sie nichts ändern, es sei denn, Sie werden aktiv.

Dann könnte ein Traum tatsächlich einen Denkanstoß geben und eine anschließende Handlung auslösen. Wenn Sie allerdings nur träumen ohne anschließende Handlung, dann wird sich in Ihrem beruflichen oder privaten Lebensablauf kaum etwas zu Ihrem Vorteil ändern können.

Träume beeinflussen die Laune

Allerdings können schöne Träume das generelle Empfinden positiv beeinflussen. Wer angenehm geträumt hat, wacht mit guter Laune auf. Diese gute Laune beeinflusst den Tagesablauf und kann damit, zumindest mittelbar, dazu beitragen, dass der Tag und damit das Leben etwas glücklicher verlaufen.

Dieser Effekt dreht sich hingegen genau ins Gegenteil, nämlich dann, wenn jemand von einem Albtraum heimgesucht wurde. Am besten nicht mehr lange über den Traum nachdenken. Die Gedanken daran abschütteln.

Konzentrieren Sie sich lieber auf schöne Träume oder rufen Sie sich solche in Erinnerung zurück. Und wer weiß: Manchmal sollen Träume sogar wahr geworden sein.

Ob allerdings der Traum-Prinz oder die Traum-Prinzessin erscheint, ist unbestätigt. Oder ist er/sie vielleicht schon erschienen?

Die Laune beeinflusst Träume

Ein Tipp am Ende des Traum-Themas. Wenn Sie (abends) zu Bett gehen und sich mit unangenehmen Gedanken quälen, ziehen Sie diese möglicherweise in Ihren Traum mit ein. Das ist natürlich nicht so gut.

Machen Sie es deshalb genau andersherum: Führen Sie sich vor Augen, was Sie am Tag alles Schöne erlebt haben. Seien Sie stolz darauf, dass Sie die Möglichkeit hatten, den abgelaufenen Tag genutzt zu haben.

Rufen Sie sich in Erinnerung, bei welcher Situation Sie ein Glücksempfinden hatten.

Mit diesem positiven Gedanken entschlummern Sie dann in das Reich der Träume. Vielleicht sogar mit einem glücklichen Lächeln im Gesicht.

Die Wahrscheinlichkeit ist erhöht, dass Sie nun angenehme Träume erleben dürfen. Wohl gestimmt leiten Sie später den neuen Tag ein.

Wunsch

Ein Wunsch lässt sich schon viel deutlicher als ein Traum formulieren.

„Ich wünsche mir einen Lotteriegewinn." Schön.

Damit solch ein Wunsch jemals die geringste Chance auf Erfüllung hätte, müssten Sie zumindest ein Lotterie-Los kaufen. Damit haben Sie zumindest eine Chance, dass Ihr Wunsch in Erfüllung geht.

Abgesehen vom Kauf des Loses, nehmen Sie keinen weiteren Einfluss auf die Erfüllung des Wunsches.

Sie sind zwar durch den Kauf des Loses aktiv geworden, aber alles Weitere liegt nun an anderer Stelle oder ist in diesem Sinne mit ‚Glück haben' zu benennen.

Manche Menschen haben ihr Leben lang Wünsche, die niemals erfüllt werden.

„Hätte ich damals nur ..." Ja, hätten sie damals nur.

Aus der Formulierung hört sich die fehlende Aktion heraus, sowie das Bedauern darüber.

Bleibt nur, von der guten Fee mit den drei Wünschen zu träumen, womit wir wieder beim Traum wären.

Wenn Sie sich nicht auf die Fee verlassen wollen, dann setzen Sie sich lieber konkrete Ziele.

Vision

Sind Visionen ein Blick in die Zukunft?

Erst einmal: Wenn Sie hören ‚Zukunfts-Vision', scheint ein Denkfehler vorzuliegen, da Visionen ja grundsätzlich zukunftsorientiert sind, also eine gedankliche Ausrichtung auf die Zukunft bedeuten.

Wann lässt sich ein Mensch als Visionär bezeichnen? Der Meinung des Autors nach zeichnet sich der Visionär dadurch aus, dass er:

- sich in die Zukunft orientiert,

- als ‚verrückt' angesehen wird, also als Fantast gilt,

- positiv in seiner Vision denkt (zumindest in der Regel beziehungsweise aus seiner Sicht positiv),

- denkt, die Realisierung seiner Vision gilt für die Allgemeinheit,

- Geistesblitze hat,

- keinen festen Zeitpunkt als Ziel nennt,

- selbst seine Vision nicht lebend erreichen muss beziehungsweise die Realisation nicht miterleben wird,

- sich Anhänger schafft, indem er überzeugt,

- aktiv an der Verwirklichung seiner Vision beteiligt ist,

- erheblich viel Zeit investiert und eventuell das eigene komplette Leben zur Erreichung der Vision nutzt.

Eine ganze Menge der Auflistungen hilft sicherlich, Glücksgefühle auszulösen.

Sollte sich eine Vision tatsächlich zur Lebenszeit erfüllen, dürfte das Glücksgefühl enorm sein.

Ziel

Und schon sind Sie bei der fünften Gruppe der Unterteilung angelangt. Hier wird es interessant.

Ziele zeigen nämlich den deutlichen Vorteil, dass sie realisiert werden können. Zumindest, solange es sich um realistische Ziele handelt.

Mit eigener Muskelkraft, ohne zu Hilfenahme irgendeiner Technik, wird es wohl kaum gelingen, von A nach B zu <u>fliegen</u>. Also lassen Sie solche Gedanken beziehungsweise bezeichnen diese als nicht-realistisch und damit auch als nicht zu realisieren.

Die Zeit lässt sich für Sinnvolleres nutzen.

Realistische Ziele lassen sich in drei Gruppierungen aufteilen. Nämlich in kurz-, mittel- und langfristige Ziele.

Kurzfristige Ziele

- Das neueste Sachbuch aus der Bestsellerliste besorgen.
- Die Wäsche bügeln.
- Für das heutige Abendessen einkaufen.

Mittelfristige Ziele

- Die Unterlagen fürs Finanzamt sortieren.
- Einen neuen Arbeitsplatz finden.
- Planung des kommenden Urlaubs.

Langfristige Ziele

- Drei Kinder in die Welt setzen.

- Freiwerdendes Geld oder aus der Lebensversicherung sinnvoll und gewinnbringend anlegen.

- In einem Jahr 5 Kilogramm abnehmen.

Nun sind Sie der Formulierung von Zielen schon einen Schritt nähergekommen.

Ein langfristiges Ziel baut üblicherweise auf das Erreichen von kurz- und mittelfristigen Zielen auf.

Danach können oder sollten die langfristigen Ziele sehr deutlich durch das Erreichen der dazu benötigten kurz- beziehungsweise mittelfristigen Ziele dargestellt beziehungsweise greifbar gemacht werden.

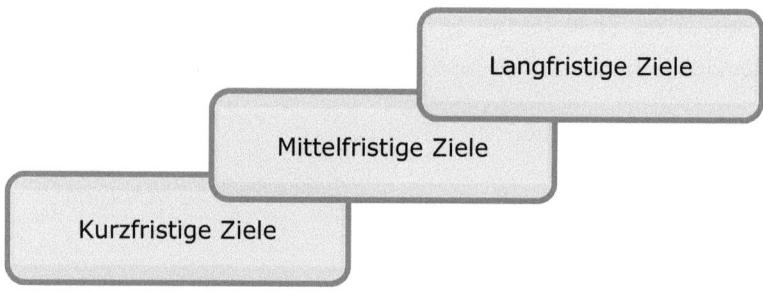

Konkrete Zielsetzung

Es sollte klargeworden sein, wo und wie die Abgrenzungen zu ziehen sind.

Das Hauptaugenmerk liegt auf den realistischen Zielen. Formulieren Sie Ihre Ziele so korrekt, dass sie klar erreichbar sind. Das Ergebnis muss messbar sein.

Auch dass klar erkennbar ist, <u>wann</u> das Ziel erreicht wurde.

Beispielsweise: „Am 1. Oktober 20xx habe ich xxx erreicht".

Oder: „Am 31. Dezember des aktuellen Jahres habe ich 5 kg abgenommen."

Ziele dieser Art sind messbar und damit greifbar.

Erstens wird ein konkretes Datum angegeben und zweitens auch genau benannt, was erreicht werden soll.

Berücksichtigen Sie, dass Ihre Ziele in der ‚Ich-Form' formuliert sind. Denn a) sind es Ihre Ziele und b) sind Sie alleine dafür verantwortlich, diese Ziele zu erreichen.

Jedes noch so klein gesteckte Ziel, das erreicht wurde, zeigt Ihnen gegenüber eine gewisse Anerkennung. Diese schafft es, sich selbst noch mehr zu motivieren und weitere Ziele zu erreichen.

Bleiben Sie bei allen Zielsetzungen realistisch; übertreiben Sie nicht. Die Ziele sollen schließlich tatsächlich auch erreicht werden, geht es hier doch darum, Glücksempfindungen zu steigern.

Das Glück (heraus-)fordern – Glücksbringer

Bei allen Überlegungen zeigt sich immer wieder, dass der Glück-Suchende aktiv werden muss. Eigene Aktion umsetzen bedarf Energie und eines gewissen Zeitaufwandes.

Weshalb nicht anderes für sich arbeiten lassen, um das Glück herbeizulocken?

Im Sinne des Aberglaubens gibt es eine Menge Glücksbringer wie bestimmte Halbedelsteine, Amulette, Talismane, die Unglück abhalten sollen und gleichzeitig das Glück herbeibringen.

Nicht umsonst pflegen einige Sportler bestimmte Verhaltensmuster, bevor sie in den Wettkampf gehen. Sei es, mit einem bestimmten Fuß zuerst die Veranstaltungsfläche zu betreten, ein bestimmtes Kleidungsstück immer zu tragen oder eine bestimmte Geste auszuführen.

In der Natur und der Tierwelt werden viele (Un-)Glückssymbole erkannt. Zum Beispiel das sogenannte Glücksschwein, der Marienkäfer, die schwarze Katze, das schwarze Schaf.

Gut, dass es den Glückspfennig gibt, sodass das finanzielle Glück nie ausgehen möge.

Hochzeitsveranstaltungen sind geprägt von durch Aberglauben bedingten Verhaltensmustern. Genauso wie der Umgang beim Verlust eines Angehörigen. Auch Silvesterveranstaltungen reihen sich ein. Im Leben heißt es: „Pech im Spiel, Glück in der Liebe."

Nun, Glücksbringer und Glückssymbole schaden bestimmt nicht. Ob sie helfen, das Glück zu lenken ist fraglich. Das Glück lässt sich in der Regel nicht (heraus-)fordern.

Zeit und Lebenszeit

„Glücklich ist, wer vergisst, was nicht mehr zu ändern ist."
Johann Baptist Strauß (Sohn), österr. Komponist (,Die Fledermaus')
(1825 - 1899)

Zeit zum Glücklichsein

„Oh wie schön. Ich nehme mir Zeit, um glücklich zu werden. Nur – woher nehme ich diese Zeit?"

Johann Strauß lässt den Gesangslehrer Alfred 1874 in der Uraufführung der Operette ,Die Fledermaus' empfehlen, Kummer mithilfe von Alkohol zu beheben, das heißt zu entsorgen.

Wer getrunken hat, vergisst und kann Vergangenes nicht mehr verändern. Dadurch würde er glücklich. Schlechtes und Dumm-Gelaufenes einfach vergessen. Wie praktisch. Mag sein, dass es funktioniert.

Andere lassen den Alkohol aus dem Spiel und wollen das Glücksempfinden ohne Hochprozentiges steigern. Die Aufmerksamkeit soll dieser Personengruppe geschenkt werden.

So mag mancher aus der Personengruppe überlegen. Also muss Zeit her. Nur, was ist ,eigentlich' Zeit?

Fragt der Autor seine Studierenden, Seminarteilnehmende oder Menschen aus dem sozialen Umfeld, was ,Zeit' ist, so kommen nach kurzer Überlegung Antworten wie:

„Zeit ist Geld."

„Zeit ist kostbar."

„Zeit ist endlich."

„Zeit ist unendlich."

Interessant ist die gegensätzliche Aussage der letzten und der vorletzten Meinung.

Mit solchen Antworten lässt sich nicht allzu viel anfangen. Besser:

„Jeder kann seine Zeit einteilen, wie er will."

„Jeder hat nur eine bestimmte Zeit zur Verfügung."

„Jeder hat so viel Zeit, wie er will."

Zeiteinheiten

Dann folgen:

„Zeit ist die Summe aus Minuten, Stunden, Tagen ..."

„Momente aneinander gereiht ergeben die Zeit."

Hier werden Zeiteinheiten genannt, aber immer noch nicht die Zeit als solche erklärt.

Sie sehen, wie schwierig es ist, tatsächlich zu erfassen, was Zeit bedeutet.

Vielleicht das:

„Zeit ist der Ablauf/die Verwandlung der Dinge/Veränderung." Zeit ist Veränderung.

Na, vielleicht. Ablauf bedeutet Zeit. Verwandlung geschieht auch nicht von heute auf morgen. Dabei ist es gleich, wie lange die Verwandlung tatsächlich dauert.

Sei es eine Minute, eine Stunde, ein Jahrhundert – es braucht Zeit.

Jedenfalls lässt sich erkennen, dass es fast unmöglich erscheint, die Frage nach „Was ist Zeit?" eindeutig zu definieren.

Zeitfenster

Wie soll sich nun jemand Zeit nehmen, wenn nicht klar ist, was Zeit tatsächlich ist?

Am besten scheint es übereinzukommen, dass bei diesen Redewendungen von Zeitfenstern gesprochen wird. Eben ein paar Minuten, Stunden oder gegebenenfalls auch Tage.

Nehmen Sie sich die Zeitfenster, die Sie einsetzen wollen, um das zu tun, was Sie für richtig empfinden. Vor allem um das zu tun, was Sie glücklich macht.

Habe ich wirklich keine Zeit?

Die Aussage wie „Ich habe keine Zeit" nutzt in diesem Zusammenhang nichts. Und zwar deshalb nichts, da die Zeit ja grundsätzlich da ist.

Diese Aussage bedeutet meistens, dass kein Zeitfenster für anderes übrig ist. Tatsächlich ist es eher eine Sache des eigenen Zeitmanagements, sich die Zeit beziehungsweise die Zeitfenster so einzurichten, dass Sie alles erreichen können, was immer Sie erledigen wollen.

Zwangsläufig bleibt es nicht aus, in diesem Zusammenhang Prioritäten zu setzen. Auf den Themenbereich Prioritäten wurde bereits an anderer Stelle eingegangen.

Zeit nutzen – Carpe diem

Horaz (eigentlich Quintus Horatius Flaccus, 65 – 8 v.Chr.) war ein namhafter römischer Dichter, der im Jahre 13 vor aktueller Zeitrechnung ein Buch über die Dichtkunst ‚ars poetica' schrieb.

Horaz sagte ‚carpe diem', was heutzutage allgemein mit ‚Nutze den Tag' oder ‚Pflücke den Tag' übersetzt wird.

„Mach was aus deinem Tag!"

„Lasse ihn nicht ungenutzt verstreichen!"

Er meinte damit: Bewusster leben. <u>Jetzt</u> leben. Den Augenblick genießen. Und nicht etwa:

„Morgen mach ich",

„Wenn ich mal pensioniert bin, mach ich",

„Wenn ich mal Zeit hab, mach ich".

Vielleicht meint die Aussage auch:

„Lebe glücklich!"

Es wäre schade, wenn ein Mensch schon am Montagmorgen sagte:

„Ach, wäre der Tag doch schon vorbei!"

Oder noch schlimmer:

„Ach, wäre die Woche schon vorbei!"

„Wäre doch wieder Sommer" und so weiter.

Schelmisch ließe sich ergänzen:

„Wäre das Leben doch schon vorbei!"

Schade drum. Schade um die Zeit, die dem Menschen gegeben ist.

Wie soll da jemand glücklich werden? Wer weiß, was der Tag heute noch alles bringen wird?

Wenn Sie wollen, nehmen Sie sich vor, besonders diesen Tag (den heutigen) sehr intensiv zu nutzen und sehr bewusst zu leben.

Heute Abend, wenn Sie zu Bett gehen, sollten Sie sagen können: „Das war ein toller Tag heute! Schön, dass ich gelebt habe."

Wäre doch wunderbar.

Freuen Sie sich über den erlebten Tag. Seien Sie glücklich, einen abwechslungsreichen Tagesablauf erlebt zu haben.

„Carpe Diem."

Das Leben reflektieren

Reflexion (lat. ‚reflexio' für ‚das Zurückbeugen') ist die Fähigkeit über eigenes Handeln und das eigene Leben nachzudenken. Und nicht nur das, sondern dieses Handeln auch zu überdenken.

Die Reflexion richtet sich zuerst auf die Vergangenheit, auf Erlebtes. Nach Analyse kann überlegt werden, wie sich die getroffenen Erkenntnisse auf die Zukunft anwenden lassen.

Nach heutigem Stand der Wissenschaft wird davon ausgegangen, dass sich der Mensch von der Mehrheit der Tiere genau in diesem Punkt der möglichen Reflexion unterscheidet.

Der Mensch kann nicht nur über Äußeres nachdenken, sondern auch über sein eigenes Ich.

Ein Kleinkind macht sich diesbezüglich noch keine Gedanken – wohl auch deswegen, weil es die Fähigkeit zu reflektieren noch nicht erworben hat.

Ein Erwachsener hingegen kann das sehr wohl. Mancher will nicht über sich selbst nachdenken, weil es

a) nicht nur Mühe macht, sondern

b) möglicherweise auch Unzufriedenes oder Verstecktes ans Tageslicht oder vielmehr ins Bewusstsein bringt.

Hier scheut manch einer die Konsequenz der Erkenntnis.

Wer sich hingegen das Ziel setzt, glücklich(er) zu werden, sollte vor der Reflexion nicht zurückschrecken.

Vergangenes beeinflusst die Gegenwart und Gegenwart beeinflusst die Zukunft.

Ich bin es mir wert

„Wer oder was ist das Wichtigste in Ihrem Leben?"

Mama? Papa? Partnerin oder Partner? Kind oder Kinder?

Ja, das klingt alles nachvollziehbar. Es mag jemanden geben, der ausgesprochen wichtig in Ihrem Leben ist.

Ausgesprochen wichtig – aber wer ist am wichtigsten?

Tatsächlich ist die wichtigste Person in Ihrem Leben: Sie selbst. Oh! Das mag zwar etwas egoistisch klingen. Nur, was wäre Ihr Leben ohne Sie? Es würde gar nicht existieren.

Also geht es – ohne zu egoistisch zu werden, wie oben angedeutet – um die Gestaltung Ihres eigenen Lebens. Und weiter geht es darum, dass Sie Ihr Leben so gestalten, dass Sie glücklich(er) werden.

Das schließt nicht aus, dass das Leben anderer auch richtig und wichtig ist. Trotzdem: Das eigene Leben bleibt aus individueller Sicht gesehen nun mal das wichtigste.

Die meisten Menschen versuchen nachvollziehbarerweise ihr soziales Leben harmonisch zu gestalten und mit den Menschen, mit denen sie zu tun haben, fair und freundlich umzugehen. Das ist in Ordnung, erstrebenswert und stärkt das soziale Miteinander.

Sie wollen schöne Dinge erleben, lachen, Freude haben und diese Empfindungen mit anderen teilen.

Eigene Wertschätzung

Manche vergessen dabei ihre eigenen Bedürfnisse. Es mag zwar altruistisch klingen, wenn einer sagt:

„Wenn du glücklich bist, bin ich auch glücklich."

Im Umkehrschluss heißt das:

„Bist du unglücklich, bin ich es auch."

Das mag eine nette Form Sympathieäußerung sein. Tatsächlich sollte es eher das Ziel sein, selbst glücklich zu werden – unabhängig von anderen Personen.

Ja, natürlich beeinflussen andere das eigene Befinden. Vielmehr ist gemeint, dass ein jeder selbst sein eigenes Glücksempfinden steigern soll.

Jeder Einzelne ist es wert, als wertvoll angesehen zu werden. Jeder ist sich seiner wert!

Erfüllen Sie sich das, was machbar und realistisch ist. Vergessen Sie sich und Ihre Bedürfnisse nicht. Richten Sie hin und wieder einen Blick auf sich. Wertschätzen Sie sich selbst.

Gönnen Sie sich das, was Sie sich gönnen mögen. Sie sind es sich allemal wert! Seien Sie stolz auf sich und werden Sie sich bewusst darüber, wie glücklich Sie mit sich sein können.

Nutzen Sie die Zeit Ihren Vorstellungen entsprechend. Leben Sie bewusst und setzen Sie die Zeit gezielt und wie gewünscht ein. Dafür ist sie schließlich da.

Teil 3 – Gesunder Körper und glücklicher Geist

Mens sana in corpore sano

Gesunder Geist und gesunder Körper

„Mens sana in corpore sano.“
Juvenal, röm. Dichter
(1./2. Jhdt.)

Ausgewogenheit

Schon vor gefühlter Ewigkeit hat der berühmte römische Dichter Juvenal diesen Satz formuliert. Leben Körper und Geist in einer angenehmen Ausgeglichenheit, kann sich der Mensch gut entwickeln und glücklich werden. Kein Wunder, wenn Stress diese Option blockiert.

Philosophie des Glücks: Eudämonie – Glückseligkeit

Durch den griechischen Philosophen und Rhetoriker Aristoteles (384 – 322 v. Chr.) wird der Begriff Eudämonie (‚eudaimonia‘; ‚eu‘ gleich ‚gut‘ und ‚daimon‘ gleich ‚Geist‘; guter Geist‘) verwendet.

Der Begriff Eudämonie steht für das Ziel der Menschen, eine gelungene Lebensführung zu erreichen. Gelungen im Sinn, das Leben wertvoller und glücklicher zu gestalten.

Dabei ist zu berücksichtigen, dass das Glück nicht zufällig von außen auf den Betreffenden fällt. Nein, im Gegenteil. Der Einzelne muss aktiv werden. Er muss die Wege zum Glücklichsein in sich selbst suchen – und finden.

Die erkannten Wege alleine helfen noch nicht abschließend. Sie müssen auch begangen werden, um sich der gewünschten ‚Glückseligkeit‘ zu nähern.

Körper und Geist

„Man soll dem Leib etwas Gutes bieten,
damit die Seele Lust hat, darin zu wohnen."
Winston Leonard Spencer-Churchill, brit. Premierminister
(1874 - 1965)

Ausgewogenheit – Wohlbefinden steigern

Genau genommen scheint es ja wirklich einfach, ein glücklicheres Leben zu leben. Zumindest in der Theorie sieht es so aus.

Neben den vielen Punkten, die bisher bereits besprochen wurden, wird nun ein Thema betrachtet, das etwas genereller gesehen werden kann: Das eigene Wohlbefinden steigern.

Wer sich durch die Tage und Wochen quält, wird am Ende seines Lebens feststellen müssen, er verbrachte viel Zeit unnütz und gab seinem Leben wenig Bedeutung.

Schnell wird dann die Frage aufkommen, ob das schon alles im Leben gewesen sein soll.

Menschen in der sogenannten Midlifecrisis stellen sich manchmal auch die Frage nach dem Sinn des Lebens. Eine Antwort hierauf zu finden ist unglaublich schwierig, es sei denn, die Frage wird allgemein beantwortet mit: „Ein glückliches Leben leben."

Sofort wird wieder jemand fragen, was ein glückliches Leben ausmacht. Spätestens dann würden Sie beginnen, sich im Kreis zu drehen.

Es ist festgestellt, dass für jeden etwas anderes wichtig ist und dass Glück im Leben für jeden etwas anderes bedeutet.

Nun zurück zum generellen Gedanken, der die individuellen Überlegungen des Einzelnen außer Acht lässt.

Wer es schafft, sich in seinem Leben bequem und gemütlich einzurichten, sodass er zufrieden und – im Idealfall glücklich – wird, hat gelernt, sein Leben ‚sinnvoll' und zufriedenstellend zu leben.

Wohlbefinden – Gefühl der Zufriedenheit

Zum Wohlbefinden tragen materielle und immaterielle Dinge bei.

Wer sich stressfrei zurücklehnen kann und entspannt auf seinen Lebensablauf blickt, drückt ein entsprechendes Wohlbefinden aus. Das Wohlbefinden drückt demnach ein subjektiv wahrgenommenes Gefühl der Zufriedenheit beziehungsweise des Glücks im eigenen Leben aus.

Die eigene Stimmung und damit die eigene Einschätzung der Zufriedenheit beeinflussen das Wohlbefinden.

Stimmungs-Barometer

Ungeachtet Ihrer gesellschaftlichen Stellung, Ihrer religiösen Überzeugung, Ihres Alters und Ihres Geschlechts können Sie auf einem eigenen Stimmungs-Barometer ablesen, wie wohl Sie sich fühlen.

Beeinflussen Sie selbst die Anzeige auf diesem Barometer, da Sie einen großen Anteil daran haben, auf welchen Wert der Zeiger zeigt.

Beeinflussen Sie durch Ihre eigene Stimmung, Ihr positives Denken, Ihre Sicht dessen, was rund um Sie geschieht im positiven Sinne.

Lassen Sie es zu, dass Sie sich wohl fühlen.

Sportliche, körperliche Mobilität

Es wird behauptet, Sport löse genauso viel (positive) Emotionen aus wie Liebe. Und das auch dann, wenn Sportveranstaltungen lediglich als Zuschauer gefolgt wird.

Eigene sportliche Aktivitäten müssen demnach erst recht glücklich machen. Na bitte, eine der vielen Möglichkeiten, das Leben glücklicher werden zu lassen.

Sport ist demnach ein Bereich, um das Wohlbefinden und damit auch das Glücklichsein zu beeinflussen. Das ist die persönliche Mobilität im Sinne von Beweglichkeit. Menschen, die aufgrund von Unfällen oder Krankheiten in ihrer Bewegung eingeschränkt werden, vermissen einen deutlichen Part der gefühlten Freiheit.

Diejenigen, die körperlich dazu fähig sind, sollten diese naturgegebene Freiheit nutzen. Nicht nur geistige Beweglichkeit ist gefragt. Die körperliche zählt deutlich dazu.

Weiter oben wurde über das Lachen geschrieben. Es wurde darauf hingewiesen, dass sich beim Lachen 80 Muskeln im Einsatz befinden.

Wer selten lacht riskiert bei einem heftigen Lachanfall tatsächlich eine Art Muskelkater. Dieser Vorgang lässt sich nun von der anderen Seite betrachten. Wer seine Muskeln gut trainiert, der bleibt beweglicher. Ihm fällt es viel leichter, seine Muskeln beliebig einzusetzen.

Vielleicht sogar mehr zu lachen als ein anderer, der nur traurig in der Ecke des Sofas sitzt.

In diesem Zusammenhang lässt sich von Psychosomatik sprechen.

Das bedeutet, dass der Geist den Körper beeinflusst und umgekehrt, dass der Körper Einfluss auf den Geist nimmt. Beide Bereiche ‚befruchten' sich sozusagen gegenseitig.

Körper und Geist sollen sich im Einklang wohlfühlen und so für eine gute Stimmung sorgen.

Runter vom Sofa und raus ins Freie!

Was heißt das? Nun, raus aus den eigenen vier Wänden, hinein ins Freie!

Ein Spaziergang entlang der Felder, durch den Wald, um einen See oder an einem Fluss entlang, oder auch ein Schaufensterbummel in der Stadt, helfen ganz sicherlich, die oben aufgezeigten Erfolge zu erzielen.

Weshalb nicht einen Spaziergang gleich mit dem Besuch einer Freundin oder eines Freundes verbinden? Skeptisch eingestellten Personen mag es helfen, ein Ziel vor sich zu haben, wenn sie das Haus verlassen. Frische Luft und Tageslicht steigern die Motivation und helfen dem Körper, Herausforderungen leichter zu meistern.

Unabhängig davon ist es auch schon lange kein Geheimnis mehr, dass mobil gebliebene Menschen eine höhere Lebenserwartung haben und weniger häufig erkranken.

Also ran an die sportlichen Hanteln, an die Gymnastikgeräte oder ab ins Schwimmbad. Die hiesige Kultur bietet für jeden Geschmack genügend Möglichkeiten.

Sollten Sie zu einem der Sport-Muffel gehören, muss Ihr Ziel keineswegs lauten, bei der nächsten Sommerolympiade eine Goldmedaille zu gewinnen. Lassen Sie es langsam angehen – aber gehen Sie es an! Viel Spaß bei der Bewegung.

Ernährung und Genuss

Wer sich viel bewegt und mobil ist, verbraucht (mehr) Energie. Er verbrennt mehr Kalorien als jener, der das passive Leben bevorzugt.

Energie muss wieder zugeführt werden, damit der Körper genügend Reserven für die nächste sportliche Herausforderung aufbauen kann. Also muss gegessen werden.

Die einen essen, um vermeintliche Hungergefühle zu vermeiden. Sie sehen die Nahrungsaufnahme als (notwendiges) Übel im Leben. Wichtig ist, dass Nahrung zugeführt wird.

Weniger wichtig wird oft das <u>Was</u> gesehen. Wenn nun täglich gegessen wird, kann aus dieser menschlichen Notwendigkeit immer wieder ein ansprechender Anlass gestaltet werden.

Königlich frühstücken

Wer auf der Fahrt zur Arbeit sein Frühstück in Form eines Kaffees aus einem Pappbecher zu sich nimmt, wird seine Entscheidung hierfür bestimmt bewusst getroffen haben.

Andere nehmen sich für ihr Frühstück deutlich mehr Zeit. Sie decken den Frühstückstisch, sie stellen individuell eine Auswahl an Lebensmitteln zusammen und genießen den Start in den Tag mit einem abwechslungsreichen ‚gemütlichen' Frühstück.

Die Menschen, die in einer Partnerschaft leben und es schaffen, zusammen zu frühstücken, haben hier die Möglichkeit sich auszutauschen: über den Tagesablauf, Ziele, Herausforderungen oder auch nur über schöne Dinge.

Der Dialog miteinander stärkt die Partnerschaft und hilft bekanntlich, glücklicher zu werden.

Kulinarische Neuigkeiten entdecken

Die meisten Menschen können sich nicht daran erinnern, was sie am Mittwoch vergangener Woche abends gegessen haben. Wie ist das möglich?

Für sie ist das Essen nur noch eine Nebensächlichkeit. Sozusagen die – trotzdem lebensnotwendige – tägliche Nahrungsaufnahme.

Schon allein im Sinne der gesunden Ernährung und der lebhaften Abwechslung für Ihr Leben und auch für Ihre Erinnerungen ist es überlegenswert, den Mahlzeiten einen höheren Stellenwert und besondere Aufmerksamkeit einzuräumen.

Nutzen Sie die Möglichkeit, aus etwas Alltäglichem etwas (fast) Besonderes zu machen. Leben und genießen Sie bewusst!

Machen Sie sich deutlich bewusst, was sie speisen, wie ausgeprägt Geschmack und Geruch sind. Sie werden merken, dass Ihr Leben dadurch abwechslungsreicher wird.

Sie werden auch immer (wieder) feststellen, dass die angebotene Vielfalt von Speisen und Getränken in hiesiger Kultur unglaublich groß ist. Genießen Sie sozusagen Ihr Leben und steigern Sie gleichzeitig Ihr Glücksempfinden.

Es heißt: „Liebe geht durch den Magen."

Vielleicht wählt ein Teil des täglichen Glücks ebenfalls den Weg durch den Magen. Wer weiß?

Vielleicht benötigt es auch einen Glückskeks nach dem Essen?

Guten Appetit.

Stress und schlechte Stimmung abbauen

Dass Stress den Körper belastet ist allgemein bekannt. Bekannt ist auch, dass es guten wie auch schlechten Stress gibt.

Der gute Stress, der sogenannte Eustress, bildet sich bei emotional positiven Situationen. Beispielsweise wenn sich jemand in eine andere Person verliebt, oder bei der Trauung.

Obwohl es sich hier um angenehme Dinge handelt, gerät der Körper in Stress und kann körperlich genauso leiden wie beim negativen Stress. Nur die Empfindung ist eine andere.

Der negative Stress, er wird Disstress genannt, ist sicherlich den meisten Leserinnen und Lesern gut bekannt. Er tritt am laufenden Band auf und beeinflusst das eigene Leben negativ. Viele Menschen klagen über diesen negativen Stress.

Leidet ein Mensch ständig unter Stress, wird sich sein körperliches Befinden verschlechtern. Aller Wahrscheinlichkeit nach wird er erkranken und zwar nicht nur gefühlt, sondern auch tatsächlich.

Körperliche Einschränkungen sind die Folgen. Das kann mit einem Rauschen im Ohr beginnen, eine deutliche Darmreizung nach sich ziehen, ein entstehendes Magengeschwür begünstigen oder gar bis zum Herzinfarkt führen.

Also aufgepasst, dass Ihnen das nicht geschieht. Was ist zu tun? Nun, passen Sie Ihr eigenes Verhaltensmuster an.

Tipps, um Stress abzubauen

Hier folgen sie nun, die Vorschläge:

- Ich vermeide Hektik.
- Ich spreche in ruhigem Ton.
- Ich denke gerne an frohe Ereignisse.
- Ich atme zuerst tief durch, bevor ich kritisiere.
- Ich bewege mich angemessen.
- Ich achte auf meine Gesundheit.
- Ich führe mit mir positive Selbstgespräche.
- Ich verbreite eine angenehme Atmosphäre.
- Ich schlafe ausreichend.

- Ich lerne aus begangenen Fehlern.
- Ich gehe voller Zuversicht in Konfliktsituationen.
- Ich werde gewinnen.
- Ich kläre Missverständnisse direkt.
- Ich stelle stresserzeugenden Lärm ab (Telefon leiser stellen usw.)
- Ich bereite mich immer sorgfältig vor.
- Ich lasse keine innerlichen Aggressionen in mir aufstauen.
- Ich freue mich auf die Zukunft.

Sie sehen, dass es eine ganze Menge ganz einfacher Verhalten gibt, die sofort umgesetzt werden können.

Voraussetzung hierzu ist lediglich, dass Sie selbst sie umsetzen wollen.

Wie viele der Punkte setzen Sie bereits praktisch um? Wie viele der Punkte können Sie in der nächsten Zeit umsetzen?

Gutes Gelingen!

Stress-Vermeidung – Glücksaufbau

„Glück macht Mut."
Johann Wolfgang von Goethe, dt. Dichter
(1749 - 1832)

Weg mit dem Stress – her mit dem Glück!

So, nun haben Sie gelesen, wie Sie Stress und schlechte Stimmung abbauen können, um Ihr Glücksempfinden nicht mehr zu sehr nach unten drücken zu lassen.

Damit möglichst nicht wieder neue Stresssituationen auftreten und um gleichzeitig Ihr Glücksempfinden aufzubauen, können Sie:

Entspannungstechniken einsetzen

In diesem Bereich ist das Angebot sehr groß. Beispielsweise können Sie wählen unter: Autogenem Training, Meditation, Progressiver Muskelentspannung, Tai-Chi, Atemtechniken, Körpertherapiemethoden, Yoga und so weiter. Probieren Sie das aus, was Ihnen am besten tut.

Eine Fantasiereise unternehmen

Das klingt schon mal gut. Die meisten verreisen gerne. Zu dieser Reise müssen Sie aber die eigenen vier Wände gar nicht verlassen. Die Fantasiereise wird auch Traumreise genannt.

Dazu lassen Sie sich eine fiktive Geschichte erzählen oder hören diese von einer Aufnahme.

Dabei entspannen Sie sich und stellen sich den Ablauf der Geschichte vor. Am besten liegend, bei geschlossenen Augen, gegebenenfalls mit beruhigender Hintergrundmusik.

Die schlechte Stimmung thematisieren

Das klingt einfach – ist aber doch etwas komplizierter als zuerst gedacht. Vor allem deshalb, weil Ihnen vorab klarwerden soll, was konkret eine schlechte Stimmung (bei Ihnen) auslöst.

Dann treten Sie in den Dialog mit anderen. Im Erfahrungsaustausch mit Kollegen, durch Gespräche mit dem Partner oder mit Freunden, erhalten Sie viele Tipps. Sie bekommen eine andere Sichtweise auf Ihre Herausforderung.

Gegebenenfalls treffen Sie sogar auf Menschen, die dieselben Stressauslöser haben wie Sie. Sie können Ihre Empfindungen sehr wahrscheinlich noch besser nachvollziehen.

Mentale Vorbereitung

Eine schwierige (Gesprächs-)Situation steht bevor?

Am besten bereiten Sie sich mental auf diese möglicherweise kritische Situation vor. Spielen Sie gedanklich Verhaltensalternativen zur selben Konfliktsituation durch.

Je mehr Abläufe – in verschiedenen Varianten – Sie mental durchdenken, desto wahrscheinlicher wird später eine dieser Vorstellungen tatsächlich eintreten.

Sie sind dann bestens auf diese Situation vorbereitet und können gut reagieren. Dann wird der Gesprächsverlauf nicht mehr so kritisch wie befürchtet.

Innere Distanz zum Arbeitsgeschehen schaffen

„Die Arbeit macht mich fix und fertig", stöhnt der eine oder andere.

Das ist alles andere als gut. Machen Sie sich nicht ‚verrückt'.

Schaffen Sie sich eine innere Distanz zum Arbeitsgeschehen. Machen Sie sich klar, dass nicht Sie allein für alles die Verantwortung tragen. Und vor allem: Nicht alles persönlich nehmen.

Trennen Sie zwischen Kritik an Ihrem Verhalten und Kritik an Ihrer Person. Fachliche Kritik ist etwas anderes als persönliche.

Nehmen Sie Ihre Arbeit nicht mit nach Hause.

„Dienst ist Dienst und Schnaps ist Schnaps."

Aufgaben stückeln

Sie fühlen sich regelrecht überrollt von einer riesigen Herausforderung? Sie sehen überhaupt noch nicht, wie Sie diese bewältigen können?

Der Weg raus aus dem empfundenen Druck: Aufgaben und Herausforderungen in überschaubare Einzel-Aufgaben, in Einzel-,Probleme' zerlegen, die dann leichter bewältigt werden können.

So stellt sich leichter und schneller ein Erfolg ein. Vergleichen Sie hierzu die Angaben beim Thema Ziele.

Ungewohntes als Herausforderung sehen

Unbekanntes, Ungewohntes, Schwierigkeiten und Belastungen erzeugen Stress; vor allem dann, wenn Sie sie als ,Probleme' sehen.

Drehen Sie den Spieß um. Freuen Sie sich über diese Herausforderungen und gehen Sie die Bewältigung positiv an. Vermeiden Sie, diese negativ zu werten.

Betrachten Sie Probleme nicht als negative Situationen, sondern sehen Sie sie als zu meisternde Herausforderungen.

Distanz schaffen

Es gilt, in der jeweiligen Lebenssituation Distanz schaffen.

Überlegen Sie sich zum Beispiel: „Was würde ich in dieser Situation einem guten Freund raten?"

Oder: „Was würde ein neutraler Beobachter in dieser Situation sagen?"

Treten Sie neben sich und betrachten Sie die Situation und Ihr Verhaltensmuster von ‚außen'. Sie vermeiden damit ein Scheuklappen-Denken und erkennen zusätzliche Vorgehensweisen.

Ein Außenstehender bewertet eine Situation gegebenenfalls gänzlich anders, da er einen unterschiedlichen Blickwinkel genießt. Machen Sie sich vorübergehend zum Außenstehenden.

Zeitmanagement einsetzen

Setzen Sie bewusst ein vernünftiges Zeitmanagement ein. Nehmen Sie nicht zu viele Arbeiten an. Halten Sie sich Pufferzeiten für Unvorhergesehenes frei.

Erstellen Sie sich eine Prioritätenliste und klären Sie:

„Was ist wirklich wichtig?"

„Was kann ich delegieren oder vernachlässigen?"

Das, was Sie unberücksichtigt lassen können, sollten Sie einfach ignorieren – sich überhaupt nicht damit beschäftigen. Weg damit! Und Schwupps – schon haben Sie Zeit gespart. Diese können Sie für Schönes einsetzen, das Sie entspannt und glücklich macht.

Berufliche Happiness

Haben Sie schon einmal ausgerechnet, wie viele Stunden Sie am Arbeitsplatz verbringen? Mehr Zeit als in Ihrem Wohnzimmer?

Haben Sie Ihren Arbeitsplatz oder Ihr Büro ergonomisch eingerichtet, sodass ein gesundes und ermüdungsfreies Arbeiten ermöglicht wird?

Auch wenn andere lächeln sollten: Was halten Sie davon, an Ihrem Arbeitsplatz ein Foto eines geliebten Menschen aufzustellen? Eventuell trägt auch ein kleiner Glücksbringer oder eine gepflegte Pflanze zur angenehmeren Arbeit bei.

Manch Beschäftigter hat eine Schale oder ein Glas mit verlockenden Süßigkeiten aufgestellt. Hierbei darf der Gesundheitsaspekt einmal ausgeblendet werden.

Besuchern/Kunden Ihres Arbeitsplatzes wird ein Lächeln ins Gesicht gezaubert, wenn sie diese kleinen Zucker-Sünden zum Naschen erspähen – und davon naschen dürfen.

Trennen Sie Ihren Arbeitsplatz von dem Platz, an dem Sie ein reguläres Frühstück oder eine Mahlzeit einnehmen.

Die Nahrungsaufnahme soll an einem anderen Ort geschehen. Danach kann gut motiviert zur Arbeit zurückgekehrt werden.

Außerdem: Etwas körperliche Bewegung entsteht durch den Ortswechsel.

Gehören Sie zu den Glücklichen, denen ein Ruheraum zur Benutzung zur Verfügung steht? Manchmal genügen einige Minuten Auszeit, um wieder volle Energie tanken zu können.

Abschalten können

Immer wieder ist zu hören, dass jemand sagt: „Ich muss da mal den Schalter umlegen".

Er meint damit, dass er anders handeln oder denken will. Er ist sich dieser notwendigen Unterbrechung bewusst. Handelt er danach?

Nehmen Sie sich bewusst vor, nach getaner Arbeit abzuschalten. Tun Sie es auch.

Lassen Sie die Arbeit Arbeit sein und denken Sie in Ihrer freien Zeit an anderes als an das, was Sie beruflich beschäftigt.

Sie können auf Dauer nur dann gute Leistung erbringen, wenn Sie sich die Zeit zur Entspannung einräumen.

Privater Wohlfühlbereich

Auf der Arbeit gibt es Stress, auf dem Heimweg auch.

Und wie sieht es bei Ihnen zu Hause aus? Richten Sie sich zu Hause eine ‚stressfreie' Zone ein. Es genügt schon ein bequemer Sessel, in dem Sie abschalten können.

Richten Sie sich zu Hause behaglich ein. Wählen Sie aufmunternde Farben und gestalten Sie Ihren Wohnraum mit ansprechendem Dekorationsmaterial.

Was halten Sie von angenehmen, beruhigenden und/oder aufmunternden Raumdüften?

Haben Sie eine ganz gemütliche ‚Kuschel-Ecke', in die Sie sich nach Belieben zurückziehen können?

Gönnen Sie sich diese kleine, stressfreie Zone.

Auszeiten schaffen

Gehen Sie noch einen Schritt weiter, indem Sie sich deutlich Auszeiten und/oder Ruhephasen schaffen.

Ziehen Sie sich in ein Zimmer zurück und bitten Sie Ihr soziales Umfeld, Sie dort nicht zu stören. Beispiel: Tür zu = nicht stören; Tür geöffnet = jeder ist willkommen.

Lassen Sie sich weder von anderen noch durch sich selbst ablenken.

Andere nutzen die Zeit, sich einmal ‚hängen zu lassen'.

Sich etwas Schönes gönnen

Gönnen Sie sich ganz bewusst schöne Dinge. Ein leckeres Essen, die Lieblings-Musik anhören, in einem Buch schmökern. Und all das, ohne ein schlechtes Gewissen zu haben.

Wie zu erkennen ist, sind nicht unbedingt materielle Dinge gemeint.

Denken Sie an den Spruch ‚Carpe diem'. Hierzu gehört auch und ganz deutlich, die Schönheiten des Lebens zu genießen – bewusst und ohne schlechtes Gewissen, wohlgemerkt.

Kommunikation und Wertschätzung

Seien Sie fair zu Ihren Kollegen, Vorgesetzten und Mitarbeitern. Beteiligen Sie sich weder an Gerüchten noch an Mobbing. Im Gegenteil – bauen Sie Vertrauen auf. Helfen Sie, eine positive Atmosphäre aufzubauen.

Wertschätzen Sie die Menschen, die mit Ihnen zu tun haben. Dort wo Trost nötig ist, trösten Sie oder tragen Sie zur Aufmunterung bei. Ein echt gemeintes Lob wirkt manchmal Wunder.

Erzählen Sie hin und wieder mal etwas Lustiges und lachen Sie dort, wo es passt.

Lächeln Sie andere an, führen Sie hier und dort einen kurzen Smalltalk.

Praktizieren Sie moderne und zeitgemäße Umgangsformen, halten hier eine Tür auf, lassen dort jemanden vorgehen.

Setzen Sie die Wörter ‚bitte' und ‚danke' ein.

Wenn es sich ergibt, und Sie gerade Lust darauf haben, spendieren Sie einem Kollegen oder eine Kollegin doch mal ein Getränk in der Kantine.

Tagesablauf sprengen

Tagein, tagaus derselbe Trott – das wird ganz schnell langweilig. Dabei ist es so einfach: Sprengen Sie den monotonen, üblichen Tagesablauf.

Setzen Sie öfter etwas ‚außer der Reihe' um. Damit klinken Sie sich eine gewisse Zeit aus dem Alltagsablauf. Das bringt Abwechslung im Leben und macht das Leben lebenswerter.

Abwechslung bereichert das Leben. Raus aus dem Alltagstrott und rein in Neues. Sie wissen, Neues erleben hilft, glücklich(er) zu werden.

Seien Sie positiv ‚verrückt', kreativ und unvoreingenommen neuen Vorschlägen und Ansichten gegenüber.

Gesund leben

Suchen Sie sich einen körperlichen Ausgleich zu Ihrem beruflichen Alltag. Zum Beispiel Joggen, Radfahren, Wandern, Hobbys nachgehen, Freunde treffen und so weiter.

Achten Sie auf eine gesunde Lebensführung. Dazu gehört die bewusste Ernährung, wenig(er) Alkohol und ausreichender Schlaf.

Eigene Lebensziele

Geben Sie Ihrem Leben einen Sinn. Erfreuen Sie sich am täglichen Dasein und der eigenen Entwicklung.

Stecken Sie sich kleine, mittelgroße und beachtliche Ziele. Geben Sie sich selbst einen Grund, weshalb Ihr Dasein wichtig ist. Genießen Sie Ihr Leben und freuen sich über Ihre Existenz!

Fazit

Eine Menge Tipps, um Stress und Unwohlsein zu reduzieren und gleichzeitig Glück aufzubauen. Wann fangen Sie mit der Umsetzung an?

Sie müssen ja nicht gleich alles ändern und Ihren bisherigen Lebenslauf total umschmeißen. Vielleicht genügt schon der eine oder andere Punkt, um die Basis zum glücklich(er) werden zu setzen.

Sie werden bemerkt haben oder bemerken, dass sich einige der aufgelisteten Tipps an anderer Stelle dieses Ratgebers wiederfinden.

Das ist insoweit interessant, zeigt es doch, dass der Abbau beziehungsweise die Vermeidung von unangenehmen Situationen nicht nur die Gesundheit fördert, sondern dass gleichzeitig tatsächlich auch das Glücksgefühl positiv beeinflusst werden kann.

Vielleicht mögen Ihnen manche der Tipps zu fad oder zu abgehoben wirken. Ja, das ist möglich.

Trotzdem ist es denkbar, dass auch Ihnen der eine oder andere gut gemeinte Vorschlag zu Ihrem Wohlbefinden und Glücklichsein helfen kann.

Probieren Sie einfach mal was aus. Sie riskieren wenig bis nichts und können im Gegenzug sehr viel erreichen. Viel Glück!

Lebenseinstellung

„Glücklich ist nicht, wer anderen so vorkommt,
sondern wer sich selbst dafür hält."
Lucius Annaeus Seneca, röm. Philosoph
(4 v. Chr. - 65 n. Chr.)

Herausforderungen spornen an

Da hat der Zitierte Recht. Das Vortäuschen von Glück bringt nichts. Das Glücksempfinden muss authentisch sein.

Um realistisch zu bleiben, muss auch akzeptiert werden, dass manchmal unangenehme Gedanken aus der Vergangenheit das aktuelle Dasein quälen.

Lassen Sie diese schlechten Gedanken nicht zu. Schließen Sie diese vergangenen Gedanken ab.

Legen Sie unangenehme Erlebnisse lieber als erfolgte Lernbeispiele ab.

Akzeptieren Sie, dass das, was geschehen ist, vorbei ist.

Hinterfragen Sie nicht immer wieder, weshalb etwas geschehen ist, sondern denken Sie eher, wie Sie vermeiden können, dass so etwas wieder geschieht.

Dann schließen Sie mit der Sache endgültig ab und denken möglichst nicht mehr daran.

Die Vergangenheit lässt sich sowieso nicht zurückholen – weshalb dann die schlechten Gedanken von damals? Freuen Sie sich lieber darüber, dass es Ihnen jetzt besser geht und genießen Sie die Gegenwart.

Streichen Sie das Wort Problem und ersetzen Sie es durch Herausforderung.

Sich über das Dasein freuen

Egal von welcher Seite Sie das Leben betrachten, wird sich immer wieder zeigen, dass es Höhen und Tiefen gibt.

Der Verlauf des Lebens könnte als Lebens-Kurve dargestellt werden, die zwar deutlich nach oben führt und durch Ausprägungen in die vertikale Richtung gekennzeichnet ist.

Zum Beispiel so:

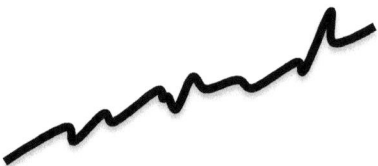

Viele positiv denkende Menschen würden am rechten Ende der Kurve noch eine Pfeilspitze anbringen, um zu zeigen, dass es weiterhin aufwärts geht.

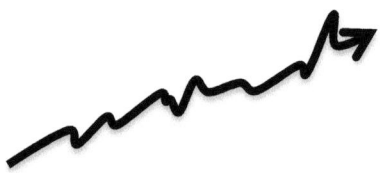

Dass die Kurve insgesamt nach oben zeigt soll darstellen, dass sich das Leben in seiner kompletten Betrachtung (positiv) aufbaut.

Wenn die angegebene Kurve als Beispiel genommen wird, ist deutlich, dass kleine Einschnitte im Leben zwar den Kurvenverlauf zuerst wieder nach unten drücken, sich aber bald wieder der Aufwärtstrend ablesen lässt.

So gibt es auch Personen, die sich selbst Mut zusprechen, indem sie sagen:

„Nach einem Tief gibt es auch wieder ein Hoch."

Beeinflussung der Lebens-Kurve

Ein Mensch kann dazu beitragen, dass seine eigene Lebenskurve nach oben führt. Selbstverständlich durch die Art und Weise seines Umgangs mit anderen Menschen, seines Ehrgeizes, seines gezeigten Einsatzes zu beliebiger Situation.

Aber, und darauf soll hier deutlich hingewiesen werden, die Kurve wird auch durch die eigene Einstellung zum Dasein entscheidend beeinflusst.

Wer sich über sein Leben freut, wer Neugierde zeigt, was der nächste Tag bringt, schafft es sicherlich leichter, eine deutlich ansteigende Kurve zu erstellen.

Freuen Sie sich einfach darüber, dass Sie da sind. Gemeint ist: Dass Sie am Leben sind. Wären Sie gar nicht da, gäbe es auch für Sie überhaupt keinen Anlass, sich Sorgen darüber zu machen, wie das Leben wäre.

Nun hat es das Schicksal oder wer beziehungsweise was auch immer geschafft, dass Sie auf dieser Erde weilen.

Einmaliges Dasein

Ein Mensch weiß, dass er nicht ewig auf dieser Erde sein wird. Seine Lebenszeit ist begrenzt. Ob und was danach kommt, ist nicht geklärt.

Es ist also sinnvoll, sich mit der aktuellen Situation zu beschäftigen. So könnten Sie sich Fragen stellen, was Ihr Leben bereichern kann.

Wie können Sie Ihr Leben gestalten, dass Sie sich tatsächlich jeden Tag über Ihr Dasein freuen?

Dazu gehören bestimmt materielle, aber auch die immer wieder die erwähnten immateriellen Dinge.

Für die meisten Menschen zählt der soziale Austausch auf jeden Fall dazu, für manche sind eigene Kinder ausgesprochen wichtig, für andere Partnerschaften oder Freundschaften.

Auch gehört dazu, dass Sie sich in Ihrem kulturellen Kreis weitestgehend frei bewegen können, denken und sagen können, was Sie wollen, sowie im weitesten Sinne auch leben können, wie Sie es für richtig empfinden.

Was wollen Sie mehr? Klar, es gibt hier und da etwas zu jammern. Oder es gibt auch einmal eine Delle, ein Tief, das einen Menschen ein wenig zurückhaut.

Am Boden liegenbleiben hilft hier nicht viel. Aufstehen und weitergehen führt zum Ziel.

Mit anderen Augen durchs Leben gehen

Wenn Sie wollen, betrachten Sie Ihr Leben einmal mit anderen Augen.

Was hat das Leben unglaublich viele abwechslungsreiche schöne Momente und Dinge zu bieten: Einen wunderschönen Sonnenuntergang, einen Regenbogen am Himmel oder die goldleuchtenden Herbstblätter und so weiter.

Genau genommen können Sie gar nicht glücklich genug sein, um alles Mögliche überhaupt wahrzunehmen. So wird es keinen Menschen auf dieser Erde geben, der schon alles erlebt oder gefühlt hat.

Das Dasein ist wunderschön

Das Dasein ist tatsächlich wunderschön. Werden Sie sich dessen bewusst und richten Sie Ihre Lebenseinstellung entsprechend ein.

Sie werden merken, dass sich das Gefühl, ein glückliches Leben zu führen häufiger einstellen kann.

Das Leben selbstbewusst gestalten

Was ist damit gemeint? An anderer Stelle ist beschrieben, dass der Mensch unbedingt mit anderen Menschen zusammenleben muss, um existieren und sich entwickeln zu können.

Dieses Zusammenleben verlangt bestimmte Verhaltensmuster, damit ein Einzelner in der Gesellschaft akzeptiert ist.

Um das zu ermöglichen, legt die Gesellschaft Normen und Werte fest, nach denen sich der Mensch richten kann und soll.

Je mehr sich ein Einzelner durch die Gesellschaft und damit durch andere in seinem eigenen Leben beeinflussen lässt, desto mehr wird er ,fremd gelebt'.

Was immer er aus eigenem Wunsch und nach eigener Entscheidung leben kann, beeinflusst er weitgehend selbst.

Er hat dann seine Zeit ,selbst gelebt'. ,Fremd leben' und ,Selbst leben' solle ausgewogen sein.

Dominiert das eine, dann kann sich der Mensch nicht entwickeln und schränkt sein Selbstbewusstsein ein. Dominiert das andere, wird er schnell als egoistisch und arrogant bezeichnet.

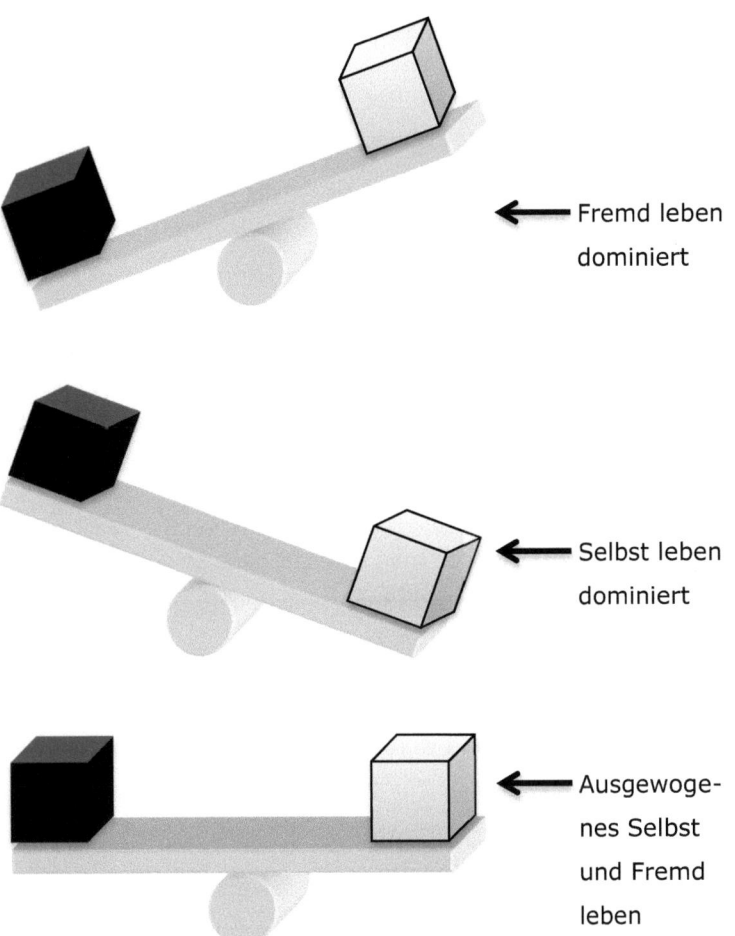

← Fremd leben
dominiert

← Selbst leben
dominiert

← Ausgewoge-
nes Selbst
und Fremd
leben

Motivation von innen

„Ja, ja" mögen Sie sagen. „Klingt ja alles einleuchtend und ein-fach. In der Theorie mag das alles wunderbar klingen. Wie sieht die Praxis aus?"

Da mögen Sie recht haben. In der Theorie hört sich sehr häufig etwas anders an, als es das tägliche Leben darstellt. Das soll aber weiter nicht stören und auch nicht daran hindern, die Praxis zu beleuchten. Denn Sie wissen ja, dass jeder selbst – und damit auch Sie – sein Leben selbst beeinflussen kann.

Weiter oben wurde über das Fremd leben geschrieben. Es ist be-kannt, dass andere Menschen einen deutlichen Einfluss auf das eigene Leben nehmen. Das ist auch ganz gut so, sonst gäbe es keine Erziehung, keine Vergleichswerte, und eine ganze Menge Erfahrungen könnte ein Individuum niemals machen.

Der eine oder andere Mensch mag es nicht ganz so gut mit Ihnen meinen; die meisten möchten Ihnen aber nichts Böses. Im Ge-genteil! Es gibt eine ganze Reihe Menschen, die es gut mit Ihnen meinen. Manchmal erkennen Sie es nur nicht.

Gegen einen Austausch und wohlwollende Tipps ist nichts einzu-wenden. Wenn andere aber Ihr Leben beeinflussen wollen, ist Vorsicht geboten.

Jugendliche tun sich oft schwer damit, die gut gemeinten Rat-schläge der Eltern, der Erbtante oder des Nachbarn wertzuschät-zen. Tipps und Empfehlungen von Gleichaltrigen scheinen ihnen manchmal viel wertvoller.

Ihnen fehlt verständlicherweise die Erfahrung des Älteren. Des-halb können sie manche Vorschläge nicht nachvollziehen oder empfinden sie als ‚altmodisch‘.

So geht es schon seit Generationen. Daran lässt sich kaum etwas ändern. Deshalb muss niemand an diesem Teil des Generationenkonflikts herummäkeln. Allerdings lässt sich sagen, dass (positive) Einflüsse von außen nicht nur das eigene Leben beeinflussen, sondern eigenes Handeln auslösen können.

Das liegt daran, dass ein anderer wollend oder unbewusst motivierend als Vorbild zu sehen war.

Motivation von außen

In diesem Zusammenhang lässt sich von einer extrinsischen Motivation sprechen. Die Motivation kommt also von außen.

Im Berufsleben spielen hier Gehalt, Position, Dienstfahrzeug und andere Dinge eine gewisse Rolle im Sinne der Motivation von außen.

Ein Idol, ein Sternchen, ein besonderer Mensch, schafft es, ein Leben vorzuleben, das andere gerne auch so leben wollen. Der Einzelne strengt sich an, so zu sein wie das Idol ist. Auch hier liegt eine Motivation von außen vor, ohne dass das Idol sich dessen bewusst sein muss.

Motivation von außen hilft, sich weiterzuentwickeln. Aber das ist nur die eine Hälfte. Die andere ist die Motivation, die von innen kommt.

Die Motivation, die von innen kommt

Die intrinsische Motivation lässt sich von außen nicht befehlen. Sie muss von selbst kommen.

Und sie wird dann kommen, wenn ein Mensch anfängt, über sein Dasein nachzudenken.

Fragen Sie einen intrinsisch motivierten Menschen, weshalb er dies oder das macht, hören Sie unter Umständen die Aussage: „Weil ich das so will."

Der Antrieb kommt von innen. Es ist besser zu denken oder zu sagen:

- „Ich will." Statt „Ich soll machen."

- „Ich tue." Statt „Ich warte bis mir einer sagt, was ich tun soll."

- „Ich vertraue." Statt „ich bin skeptisch."

- „Ich bin neugierig und frage nach." Statt „Ich akzeptiere alles so wie es ist."

- „Ich bin wichtig." Statt „Ich bin nur ein kleines Rad."

- „Ich handele aktiv und zielorientiert." Statt „Ich warte mal, was kommt."

Durch intrinsisch motiviertes Handeln werden Sie viel aktiver als andere. Sie werden merken, wie selbstbestimmt Sie ihr eigenes Leben gestalten, dass Aufgaben mit Interesse und mehr Freude erledigt werden. Sich einstellende Erfolge helfen Ihnen, sich noch weiter zu motivieren.

Wenn Sie sich nach einem besonderen Erfolg mal etwas Schönes gönnen, dürfen Sie sich selbstverständlich auch einmal selbst belohnen.

Sei es nur mit einem Lob an sich selbst, mit einem fruchtigen Eisbecher oder, wenn es nicht anders sein soll, mit einem kleinen Brillanten (dann haben Sie aber bestimmt schon etwas Tolles erreicht).

Gesundes Selbstbewusstsein

Durch die genannten Vorgehensweisen wird ein wertvolles und gesundes Selbstbewusstsein entwickelt und gelebt. Es ist nicht wünschenswert, es immer allen recht zu machen – abgesehen davon kann das auch nicht gelingen.

Ein Mensch mit Profil eckt zwangsläufig auch mal an. Allerdings werden Sie merken, dass andere Menschen sich in einigen Situationen anders verhalten, als Sie es getan hätten.

Das mag Sie verwundern, ist aber genau genommen nicht überraschend, hat doch jedes menschliche Wesen eigene Wertevorstellungen und Ziele.

Glücklicherweise handelt es sich bei Menschen um Individuen, die alle ‚ihren eigenen Kopf' haben. Sobald Sie das akzeptieren und anderes Verhalten tolerieren, kommen Sie besser mit dem sozialen Umfeld zurecht.

Ich denke und handle anders als andere

Übertragen Sie Ihr eigenes Verhaltensmuster nicht auf andere. Profitieren Sie lieber von der Vorgehensweise anderer, da Sie auch auf diesem Wege Ihren Horizont und Ihr Wissen erweitern können.

Bedenken Sie hingegen ebenso, dass andere ihre Verhaltensmuster auf Sie übertragen wollen. Wenn Sie dann ‚Selbst leben', kann es sein, dass andere Sie kritisieren. Lassen Sie diese Kritik ruhig zu.

Jeder hat das Recht, seine eigene Sichtweise zu haben. Aber lassen Sie sich nicht durch die Kritik kaputtmachen.

Behalten Sie Ihre gute Stimmung. Bei einer sauber – also nicht verletzend – geäußerten Kritik kann es möglicherweise einen wahren Kern geben.

Überdenken Sie die geäußerte Kritik kurz, ob Sie daraus etwas lernen können. Idealerweise handelt es sich um eine konstruktive (lat. ‚construere‘ für ‚aufbauend‘) Kritik.

Wenn nicht, dann vergessen Sie sie einfach.

„Ich bin selbstbewusst" versus „Ich bin ein Egomane"

Kaum einer wird etwas einzuwenden haben, wenn eine Person mit einem gesunden Selbstbewusstsein auftritt.

Leidet allerdings einer an einer krankhaften ‚Ich-Sucht‘, kann es kritisch werden.

Jemand, der immer nur sich selbst im Mittelpunkt sieht und annimmt, alle anderen haben gefälligst das zu tun, was ihm recht und billig erscheint, der passt nicht in ein harmonisches Miteinander.

Der Egomane hat eine deutlichere Ausprägung in seinem Verhalten als der Egoist, der ja auch nicht gerade einen besonders positiven Leumund besitzt.

Teil 4 – Glücklich mit anderen

Gemeinsames und geteiltes Glück

Das soziale Umfeld

„Glücklich machen ist das höchste Glück."
Theodor Fontane, dt. Schriftsteller
(1819 - 1898)

Jemandem etwas Gutes tun

„Wenn wir einen Menschen glücklicher und heiterer machen können, so sollten wir es auf jeden Fall tun, mag er uns darum bitten oder nicht."

Das schrieb Hermann Hesse (dt. Schriftsteller, 1877 – 1962). Gute Idee. Also: Lassen Sie sich nicht bitten und tun Sie jemandem etwas Gutes.

Bitte nicht vergessen: Erwarten Sie keine Gegenleistung! Tun Sie etwas, was <u>Sie</u> tun <u>wollen</u> und von dem Sie ausgehen, dass es dem anderen guttut.

Sie kennen bestimmt die Aussage, die Sie augenzwinkernd einfügen können:

„Jeden Tag eine kleine Pfadfinder-Tat."

Übrigens: Glück lässt sich problemlos mit jemandem teilen, ohne dass es sich verringert.

Eine Freude bereiten

Sie freuen sich bestimmt, wenn Sie ein ehrlich gemeintes Lob erhalten.

Es macht Sie stolz und glücklich. Lob beziehungsweise Anerkennung machen einen Menschen offensichtlich glücklich.

Der Psychologe Cameron Anderson von der Universität von Kalifornien in Berkeley stellte eine interessante Studie zusammen.

Insgesamt befragte er 80 Studierende aus verschiedenen Bevölkerungsgruppen. Er definierte dabei zwölf unterschiedliche Gruppen, um mögliche Unterschiede zu sehen.

In seinen Untersuchungen fand er aber keine Unterschiede in den verschiedenen Gruppen, sodass sich seine Ergebnisse auf alle Menschen übertragen lassen.

Wurden die Kandidaten gelobt oder sonstig anerkannt, steigerte es deren Wohlempfinden. Je stärker die Anerkennung war, desto deutlicher drückte sich das Wohlbefinden aus.

Nun mögen Sie einwerfen:

„Was habe ich davon, wenn sich der andere gut fühlt?"

Anerkennung stärkt das Wohlgefühl

Ganz einfach: Fühlt sich Ihr Gesprächspartner wohler, wird er sich Ihnen gegenüber auch anders, zum Beispiel freundlicher beziehungsweise anerkennender, verhalten. Somit haben auch Sie etwas von Ihrem Verhalten.

Das Glücksempfinden hält übrigens noch eine Weile nach der direkten Anerkennung an.

Beim ausgeteilten Lob kann auch von einer äußeren Motivation gesprochen werden.

Da sich ständiges und gleichartiges Lob auf die Dauer ‚abnutzt', sollte Lob sparsam und gezielt – vor allem ernst gemeint – eingesetzt werden.

Sich mit Menschen austauschen

Obwohl es die Mehrheit der Singles auch mal glücklich macht, alleine das tun zu können, was sie wollen, wünscht sich eine deutliche Mehrheit (angeblich über 90 Prozent) eine Partner- und/oder eine Freundschaft.

Menschen haben bekanntlich ein Überlebensbedürfnis und das Bedürfnis, sich mit anderen auszutauschen. Menschen benötigen Austausch mit anderen, um sich entwickeln zu können.

Bei so vielen Menschen auf der Erde sollte es kein Problem sein, mit anderen kommunizieren zu können.

Die Lebensverhältnisse in Großstädten in Deutschland, Österreich, der Schweiz und anderen europäischen Ländern, spiegeln allerdings ein deutlich anderes Bild wider.

Singles suchen Gegenstück

Täglich steigt die Zahl der Singlehaushalte in den Städten. Immer mehr Singles haben Schwierigkeiten, eine Partnerschaft aufzubauen.

Gefrustet bleiben viele von ihnen zwangsläufig allein und ihr Leben lang ein Single. Wohlgemerkt – es gibt auch Alleinlebende, die bewusst und gewollt dieses Singleleben bevorzugen.

Wie dem auch sei: Die Menschen suchen einen Austausch untereinander. Zugegebenermaßen ist es in hiesiger Kultur eher unüblich, Fremde im Freien ‚einfach so‘ anzusprechen.

Menschen in anderen Kulturen tun sich da viel leichter. Weshalb ist es für hier Lebende so schwierig? Was spricht dagegen, an der Haltestelle, in der Bahn, im Wartezimmer, im Supermarkt oder auf der Parkbank eine andere Person anzusprechen?

Hat der Kontaktsuchende Angst davor, einen ‚Korb zu bekommen'? Befürchtet er, sich lächerlich zu machen oder gar angefeindet zu werden?

Fremde ansprechen

Weshalb fällt es erwachsenen Menschen so schwer, auf klassischen Netzwerkveranstaltungen Fremde anzusprechen? Es gilt ja mit als Hauptgrund einer Veranstaltung dieser Art, neue Menschen kennenzulernen, um eben dieses Netzwerk auszubauen.

Das Risiko einen der erwähnten Körbe zu erhalten, tendiert dort gegen Null.

Menschen tauschen sich gerne aus. Nutzen Sie dieses Bedürfnis. Damit können Sie andere Personen kennenlernen. Ein harmloser Austausch sollte möglich sein.

Es muss natürlich nicht immer und sofort eine Freundschaft daraus entstehen.

Vielmehr können Sie es schaffen, durch den Austausch Neues zu erfahren und so ganz nebenbei dazuzulernen.

Neue Gedanken zulassen hilft beim glücklicher werden, wie an anderer Stelle bereits beschrieben.

Gleichzeitig können Sie bei einem Austausch auch eigene Ideen und Gedanken äußern und mit anderen risikolos über ‚Gott und die Welt' sprechen.

Dabei werden eigene Gedanken von anderen aufgenommen und – zusammen mit Ihnen – weiterentwickelt. Ihre Gehirnzellen werden angeregt. Sie selbst werden feststellen, dass es plötzlich ganz andere Themen gibt, die sich in Ihre Gedankenwelt eingeschlichen haben.

Sozusagen hat sich Ihr Horizont erweitert; das Leben zeigt nun neue Perspektiven und Optionen. Sie werden merken, dass Ihnen der Austausch guttut.

Es kann nichts verloren werden. Es kann nur gewonnen werden. Wäre es nicht ein Versuch wert?

Miteinander reden macht glücklich

Stimmt es wirklich, dass verheiratete Paare nur 10 Minuten am Tag miteinander sprechen? Das hört sich fürchterlich traurig an, nur 10 Minuten! Unglaublich! Die restliche Zeit wird geschwiegen?

Dabei könnte die Kommunikation so schön sein. Ein interessantes Thema, das von allen möglichen Seiten beleuchtet wird. Pros und Contras werden besprochen und diskutiert.

Was ergibt sich durch die neu entstandene Weltlage? Welche politischen Entscheidungen beeinflussen das Leben? Und viele andere Themen mehr.

Schon vergehen die Stunden wie im Flug.

Wichtig dabei: In den Gesprächen nicht oberflächlich bleiben.

„Wie war es heute?" „Alles o. k.?"

Hier bleibt die Kommunikation meist recht flach. Allerdings könnten solche Fragen auch als Einstiegsfragen in tiefergehende Gesprächsrunden dienen.

Zu diesem Thema hat der Psychologe Professor Matthias R. Mehl (Universität von Arizona) eine nachdenklich machende Untersuchung durchgeführt.

An seinem Experiment nahmen 79 Versuchsteilnehmer teil. Vier Tage lang wurden diese beobachtet. Alle 12 Minuten schaltete sich ein Aufnahmegerät ein, um eine halbe Minute lang die in diesem Moment geführten Gespräche aufzuzeichnen.

Mehl konnte feststellen, ob sich oberflächlich unterhalten wurde, oder ob es sich um ein tiefgreifendes Gespräch handelte.

Tiefsinnige Dialoge machen glücklich

Seine Versuchsergebnisse ergaben, dass glückliche Paare tiefsinnigere Gespräche führten.

Mehl fand heraus, dass die Glücklichen nicht nur intensivere Gespräche (angeblich doppelt so viele wie die anderen) führten, sondern auch 25 Prozent weniger Zeit als die anderen alleine verbrachten. Na bitte.

Ein Schatz von Wörtern

Die deutsche Sprache besteht immerhin aus unglaublichen 300.000 bis 400.000 Wörtern. Ständig kommen neue Wörter hinzu. Andere kommen aufs ‚Altenteil' und werden nicht mehr benutzt. Sprache lebt.

Der Durchschnitts-Deutsche benutzt angeblich nur 12.000 bis 16.000 deutsche Wörter und 3.000 bis 4.000 Fremdwörter, er versteht aber die 4-fache Wortmenge.

Des Weiteren scheint es interessant zu sein, dass er mit etwa 2.000 verschiedenen Wörtern bereits 90 Prozent des gesprochenen oder geschriebenen Textes abdeckt. Nur 4.000 Wörter benötigt er für 95 Prozent eines Textes.

16.000 Wörter am Tag

Entgegen allen anderslautenden Meinungen wollen Forscher herausgefunden haben, dass Männer und Frauen ungefähr gleich viele Wörter am Tag sprechen. Das sollen angeblich die erwähnten 16.000 Wörter täglich sein.

In den Jahren zwischen 1998 und 2004 hat der oben zitierte Matthias R. Mehl mit etwa 400 Studierenden aus den USA und Mexiko gearbeitet.

Auch hier wurde alle 12 Minuten gecheckt, wie viel gesprochen wird. Die erfassten Zahlen wurden dann hochgerechnet. Insgesamt hat Mehl bei diesen Versuchen mit den Studierenden 2 bis 10 Tage lang Aufzeichnungen festgehalten. Und hier kam er tatsächlich auf etwa 16.000 gesprochene Wörter pro Tag.

Also, wer sagt, dass Paare sich anschweigen? Fragt sich am Ende, ob die oben aufgeführten 10 Minuten wissenschaftlich bestätigt sind.

Egal zu welcher Entscheidung Sie kommen, sollte es einem Menschen demnach nicht schwerfallen mit einem anderen zu kommunizieren. Legen Sie los!

Glück in der Kommunikation

Da es in diesem Ratgeber um das Thema Glück geht, lohnt es, einen Blick auf die Verwendung des Wortes ‚Glück' in der Kommunikation zu schauen.

Tatsächlich taucht dieses Wort oder das ‚Glücklichsein' relativ häufig in der zwischenmenschlichen Kommunikation auf. Ob dieses Wort zu den 2.000 am häufigsten benutzten Begriffen gehört? Einige Beispiele:

„Wir hatten großes Glück pünktlich anzukommen."

„Zum Glück kam in diesem Augenblick Victoria um die Ecke."

„Er kann sich glücklich schätzen, dich als Mitarbeiter zu haben."

„Es war wirklich Glück, dass wir diese Option gewählt haben."

„Glücklicherweise konnte ich den Chef direkt ansprechen."

„Der Anhänger hat mir Glück gebracht."

„Zum Glück brachte die Untersuchung keine schlechten Ergebnisse."

„Mit dem Besuch habe ich sie glücklich gemacht."

„Wir haben dort die glücklichsten Tage unseres Urlaubs erlebt."

„Ich bin überglücklich, dich wiederzusehen."

„Der glückliche Gewinner des Hauptpreises ist …"

„Nach der Geburt des Kindes war er von Glück erfüllt."

„Das ist ja ein glücklicher Zufall, dass wir uns hier treffen."

„Nach der Schulung bin ich in der glücklichen Lage, mich auf den nächsten Posten bewerben zu können."

„Nun, da hast du ja immer ein glückliches Händchen."

Gegenseitig wertschätzen

Sobald Sie miteinander sprechen – und vor allem tiefsinnig reden – zeigen Sie gegenseitiges Interesse. Interesse am Gesprächsthema aber auch Interesse an der Meinung des Gegenübers.

Ihr Gesprächspartner hat möglicherweise eine andere Meinung zum Gesprächsthema. Achten Sie die Meinung des anderen. Akzeptieren Sie, dass Ihre eigene Meinung nicht zwangsläufig die einzig richtige ist.

Verschiedene Ansichten beleuchten Themen aus unterschiedlichen Blickwinkeln, was eine Diskussion eher erst so richtig abwechslungsreich gestaltet.

Andere Menschen – andere Meinungen

Die Meinung eines anderen Menschen kann das eigene Leben interessanter machen. Nutzen Sie die Möglichkeit, sich deswegen mit möglichst vielen Personen auszutauschen.

Die Vielseitigkeit unterschiedlicher Ansichten kann den eigenen Horizont erweitern.

Gehen Sie noch einen Schritt weiter. Nicht nur deren Meinung zum Gesprächsthema ist interessant, sondern der Mensch als solcher.

Glücklicherweise gibt es zig verschiedene Typen von Menschen, die alle ihre individuellen und besonderen Eigenschaften haben. Diese Vielfalt bereichert das Leben fast bis ins Unendliche. Immer wieder werden Sie auf Typen treffen, die in ihrer Art neuartig für Sie sind.

Immer wieder werden Sie überrascht sein, wie andere Leute ‚so ticken'. Und das ist gut so. Nutzen Sie die Vielfalt! Lernen Sie immer wieder Neues und neue Persönlichkeiten.

Sie können deutlich durch die Gespräche profitieren; Ihr Verständnis und ihre Ansichten erweitern sich stetig.

Vielleicht gewinnen Sie auch hier und dort andere Ansichten, die Sie zum Nachdenken anregen.

Und vor allem: Wertschätzen und respektieren Sie Ihr Gegenüber. Achten Sie diese Person mit all ihren Eigenarten. Es kann und soll nicht jeder so sein wie Sie sind. Das wäre langweilig. Auch für Sie.

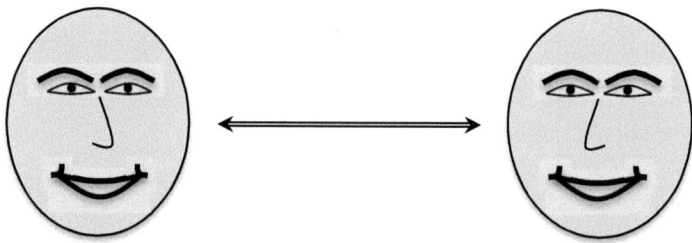

Vertrauen schenken

„Vertrauen ist gut, Kontrolle ist besser."

Diese Redewendung wird Lenin (Wladimir Iljitsch Uljanow, sow-jet-russ. Regierungschef, 1870 – 1924) in den Mund gelegt. Aber: Wer Vertrauen schenkt, verliert gleichzeitig Kontrolle. Das ist schon mal klar.

Niklas Mertens gilt als Kontrollfreak. Er will sichergehen, dass alle Arbeitsschritte in seinem Sinn ausgeführt werden. Sicher ist sicher. Herr Mertens hat den Gesamtüberblick und weiß, was wo geschieht. Der Arbeitsaufwand wird als Balken dargestellt.

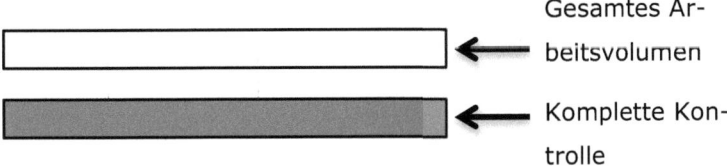

Gesamtes Arbeitsvolumen

Komplette Kontrolle

Wird das Arbeitsvolumen umfangreicher, wird es für Niklas Mertens immer schwieriger werden, alles zu kontrollieren. Er verliert sozusagen die Kontrolle über Details, gegebenenfalls über das Ganze. Das Risiko von Fehlern steigt. Herr Mertens steht unter unglaublichem Druck und Stress. Auf Dauer kann das nicht gut gehen.

Auf der anderen Seite steht Nicola Schulte. Sie hat ein vergleichbar großes Arbeitsaufkommen wie Herr Mertens.

Gesamtes Arbeitsvolumen

Komplettes Vertrauen

Sie vertraut ihren Kollegen und Mitarbeitern.

Nicola Schulte geht davon aus, dass ihre Mitarbeiter/Mitarbeiterinnen und Kollegen/Kolleginnen alle Aufgaben in ihrem Sinne richtig erledigen.

Solange alles gut geht, braucht sich Frau Schulte keine Sorgen zu machen. Es geht ihr gut, solange keine Probleme auftauchen. Frau Schulte geht ein relativ hohes Risiko ein, da sie absolut keine Kontrolle ausübt.

Wenn Herr Mertens es schafft, seinen Mitarbeitern etwas Vertrauen zu schenken, geht das sofort zulasten der Kontrolle. Kontrolle und Vertrauen bedingen sich gegenseitig.

Die Mitarbeiter werden etwas aufatmen können. Umgekehrt kann Frau Schulte hin und wieder etwas Kontrolle ausüben. Das sieht dann so aus:

So mögen Sie nun denken, dass sich Kontrolle und Vertrauen die Waage halten sollten.

Halb Kontrolle, halb Vertrauen. Welches Verhalten im Arbeitsleben das richtige ist, muss jeder selbst entscheiden. Wie sieht es aber im Privatleben aus?

Vertrauen im Privatleben

Wer Partner oder Freunde zu stark kontrolliert, wird sich auf Dauer selbst in eine Situation des Misstrauens bringen. Er wird die Aussagen von Partnern oder Freunden kritisch wahrnehmen und anfangen zu hinterfragen.

Oder gar schlimmer noch, hinterherspionieren. So ist es nur ein kurzer Weg bis zur Eifersucht.

Auf diese Art und Weise kann weder eine gute Partnerschaft geschweige denn eine echte Freundschaft funktionieren.

Also lieber mehr Vertrauen im privaten Umfeld?

Ja natürlich. Vertrauen schenken ist eine menschliche Stärke. Solange das Vertrauen nicht missbraucht wird, ist dieses Vorgehen zu bevorzugen.

Seien Sie offen und ehrlich zu Ihren Gegenübern. Trauen und vertrauen Sie. Es macht das Zusammensein viel einfacher und herzlicher. Es macht das Miteinander intensiver – eben vertrauensvoller.

Dass Sie sich bei Vertrauen öffnen und damit angreifbar machen, liegt auf der Hand. Wer es hingegen gut meint mit Ihnen, wird Sie nicht angreifen – schon gar nicht in der Freundschaft oder Partnerschaft.

Damit ergibt sich ein gegenseitiges Vertrauen, das eine ausgezeichnete Basis für eine echte, glückliche und langlebige Freundschaft bildet.

Vertrauen aufbauen braucht Zeit

Vertrauen aufzubauen braucht eine gewisse Zeit.

Begegnen sich zwei Menschen erstmalig, ,tasten' sie sich sozusagen gegenseitig ab.

Sie versuchen herauszufinden, welch ein Typ das Gegenüber ist. Erst nach und nach wird Vertrauen von beiden geschenkt.

Diese Entwicklung kann einige Tage in Anspruch nehmen, gegebenenfalls aber auch einige Jahre.

Vertrauen lässt sich nicht befehlen.

„Du vertraust mir ab sofort!"

Das wird nicht klappen, denn hier wird von einem Gefühl gesprochen, welches jemand einem anderen vermittelt.

Mühselig aufgebautes Vertrauen zu zerstören ist hingegen in kürzester Zeit möglich. Ist das Vertrauen ruiniert, kann es in der Regel nicht wieder aufgebaut werden. Zumindest nicht in dem Rahmen, in dem es möglicherweise vorher war.

Spüren Sie, dass Ihnen jemand großes Vertrauen entgegenbringt, dürften Sie sich glücklich schätzen und sollten sehr sensibel damit umgehen.

Blindes Vertrauen

Hin und wieder wird auch vom ,Blinden Vertrauen' gesprochen. Das bedeutet, dass Sie sich 100-prozentig in die Hände des Gegenübers begeben.

Sollte Ihr Gegenüber das ihm erwiesene Vertrauen missbrauchen, können Sie in eine außerordentlich unangenehme oder sogar gefährliche Situation geraten.

Da Sie niemals sicher sein können, dass Ihr Gegenüber Ihnen absolut nichts Böses will, ist hier schon von einem gewissen Risiko zu sprechen, wenn hier 100 Prozent angenommen werden.

Ob Sie nun 100-prozentig jemandem vertrauen oder nur zu 95 Prozent ist selbstverständlich Ihre Entscheidung.

Jedenfalls sollte der Bereich des Vertrauens deutlich größer als der der Kontrolle sein.

Die Partnerschaft macht glücklich

Laut Statista 2016 ist bei den Befragten die Gesundheit mit knapp 90 Prozent das Wichtigste, was einen Menschen glücklich macht.

Schon an zweiter Stelle folgt die Partnerschaft mit knapp 80 Prozent. Freunde kommen auf etwas über 50 Prozent und damit vier Prozentpunkte über Geld.

Die vertrauensvolle Partnerschaft steigert das Glücksempfinden.

Übrigens: Im Focus 41/2016 ist zu lesen: „Wer eine gute Beziehung pflegt, ist glücklicher und wird älter. Dabei bezieht sich der Artikel auf das Ergebnis einer Harvard-Studie, die seit 1938 durchgeführt wird.

Teilnehmer, die seit 50 Jahren am zufriedensten mit ihren Beziehungen waren, gehörten im Alter zu den gesündesten der Studiengruppe.“

Also, der Aufbau einer guten, vertrauensvollen Beziehung ist eine Basis für ein glückliches Dasein.

Teil 5 – Freundschaften

Freunde finden

Von echten Freundschaften

„Lachen ist nicht der schlechteste Anfang einer Freundschaft
und bei weitem nicht das beste Ende."
Oscar Wilde (Oscar Fingal O'Flahertie Wills), ir. Lyriker
(1854 - 1900)

Zermürbende Einsamkeit

Laut Definition bedeutet Einsamkeit eine Diskrepanz zwischen gewünschter und tatsächlicher sozialer Beziehung.

Der Alleinlebende und der Einsame

Die Realität zeigt: Mehrere Millionen Menschen in Deutschland bezeichnen sich als Single und leben in einem Einpersonenhaushalt.

Je nach statistischer Quelle wird von etwa jedem dritten Erwachsenen geredet. Das ist eine nicht zu unterschätzende Zahl von Menschen.

Manche Betroffene sind durch Trennung oder Tod des Partners zum Single geworden. Andere haben ihr Leben ohne Partner/Partnerin vorgezogen.

Aber: Allein leben heißt nicht zwangsläufig, allein zu sein. Viele Alleinlebende pflegen intensive Bekannt- oder Freundschaften, sodass sie sich nicht allein fühlen.

Sie sind sehr glücklich mit ihrem Dasein und fühlen sich optimal im sozialen Umfeld eingebunden.

Sie leben zwar allein, sind aber nicht einsam.

Der ungewollt Einsame

Beim Einsamen sieht es anders aus. Denn: Nicht zwangsläufig leben alle, die der Gruppe der Einsamen angehören allein, die meisten aber schon.

Die Einsamen finden niemanden, dem sie ,ihr Herz' ausschütten oder dem sie absolut vertrauen können. Sie kennen tatsächlich niemanden, mit dem sie zusammen weinen, lachen oder gar glücklich sein können.

Zu den Einsamen gehört die geschäftsreisende Person, die die Nacht allein im sterilen Hotelzimmer verbringt, der Verurteilte, der lange isoliert in einer Einzelzelle leben muss, die junge Weltumseglerin, die allein auf einem gewagten Törn durch die Weltmeere ist – sie sind alle allein. Fühlen sie sich gleichzeitig einsam?

Da das Alleinsein oft selbst gewählt ist, muss das Alleinsein nicht unbedingt und zwangsläufig zum Gefühl der gefürchteten Einsamkeit führen.

Meist ist der Zustand des Alleinseins auf eine gewisse Zeitspanne ausgerichtet.

Im Gegensatz hierzu steht die Einsamkeit, die in vielen Fällen nicht bewusst gewählt wurde. Die Situation hat sich über die Zeit – schleichend – so ergeben. Manchmal dauert es eine Weile, bis der Zustand der Einsamkeit erkannt wird.

Die notwendige soziale und überlebenswichtige Gemeinsamkeit

Bekanntlich ist der Mensch ein soziales Wesen. Um überleben zu können, benötigt er andere Menschen, mit denen er sich austauschen kann. Er braucht andere Menschen, um sich weiterentwickeln zu können.

Erst der Austausch des eigenen ‚Ichs' mit dem ‚Ich' anderer bietet die Möglichkeit, eigene Stärken und Schwächen zu erkennen und an ihnen arbeiten zu können.

Wandeln sich ‚Ich' und ‚Du' zu ‚Wir', können Erlebnisse gemeinsam genossen werden. Das Leben mit allen Risiken und Schönheiten kann geteilt werden.

Es entsteht die Möglichkeit des wichtigen Austausches, der Bewertung des Erlebten und der Einordnung in die Entwicklung der eigenen und der fremden Persönlichkeit.

Es entstehen Freundschaften und Partnerschaften. Mit Freunden und Partnern kann Zukünftiges geplant und gleichzeitig an Vergangenes erinnert werden. Gemeinsam Erlebtes lässt damalige Emotionen erneut hochleben.

Durch die zwischenmenschliche Kommunikation kann das Individuum feinsinnige Ironie oder auflockernden Humor einbringen. Der Mensch kann durch Einfühlungsvermögen lernen, sensibel und rücksichtsvoll mit anderen umzugehen.

Das sind viele wertvolle Vorteile, eine glückliche Freundschaft optimal auf- und auszubauen.

Glückliche Freundschaften

Wikipedia schreibt: „Freundschaft ist ein auf gegenseitige Zuneigung beruhendes Verhältnis von Menschen zueinander, das sich durch Sympathie und Vertrauen auszeichnet."

Duden online meint: „Auf gegenseitiger Zuneigung beruhendes Verhältnis von Menschen zueinander."

Auf Psychologie48.com ist zu lesen: „Freundschaft ist eine enge zwischenmenschliche Beziehung, die einzig auf Sympathie und gegenseitigem Verständnis beruht."

Fremdwort.de meint: „Als Freundschaft wird eine positive Beziehung und Empfindung zwischen zwei Menschen, die sich als Sympathie und Vertrauen zwischen ihnen zeigt bezeichnet."

Der berühmte griechische Philosoph Aristoteles (384 v. Chr. – 322 v. Chr.) meint: „Eine vollkommene Freundschaft gibt es nur zwischen guten und an Rechtschaffenheit sich gleichstehenden Menschen."

Nun liebe Leserin, lieber Leser, sollte geklärt sein, was eine Freundschaft per Definition ist.

Wie stellt sich diese Theorie im praktischen Leben dar?

Freunde und echte Freunde

Zweifelsohne gibt es ein elementares Bedürfnis des Menschen nach Gemeinschaft.

Allein kann der Mensch nicht leben beziehungsweise überleben. Er braucht ein soziales Umfeld. In diesem sozialen Umfeld sind echte Freunde sehr wertvoll.

Gute Freunde zu gewinnen ist schwierig. Die sogenannten Freunde, die sich in den sozialen Netzwerken ansammeln und schnell auf eine 3- oder 4-stellige Zahl wachsen sind nicht identisch mit dem, was unter einem echten Freund tatsächlich verstanden wird.

Verdoppeln Sie Ihr Glück

Sind Singles oder in Partnerschaft Lebende glücklicher? Die zweite Variante ist die, die mehr Glücksgefühle auslösen kann.

Sie kennen bestimmt den Spruch „Geteiltes Leid ist halbes Leid."

Hier wird etwas Trauriges halbiert, wenn Sie sich mit anderen darüber austauschen.

Drehen Sie nun den Spieß um und lassen Sie andere an Ihrem Glück teilhaben! Es gilt folgendes Prinzip:

„Teilen Sie Ihr Glück und es verdoppelt sich." „Geteilte Freude ist doppelte Freude."

„Wieso das?", mögen Sie fragen. Nun, es bereitet Ihnen Freude, einen anderen an Ihrem Glück oder Glücklichsein teilhaben zu lassen. Dann freut sich auch der andere. Es geht ihm besser als vorher. Sie haben sozusagen Glück verschenkt.

Da sich der andere freut, bereitet er auch Ihnen wieder eine Freude. Ihre eigene Stimmung wird noch besser.

Gemeinsame Erlebnisse

Gemeinsam gemachte Erlebnisse stärken die Freundschaft. Sie werden auch in Zukunft von gemeinsam Erlebtem sprechen können, sodass Sie sich an ‚die schöne alte Zeit' erinnern.

Das gilt gleichermaßen auch, wenn Sie gemeinsam einen Tiefpunkt im Leben oder eine negative Herausforderung bewältigten.

Bewegung, körperlich und geistig, halten nicht nur fit, sondern steigern das Glücksempfinden.

Engagieren Sie sich, helfen Sie anderen oder werden Sie beispielsweise ehrenamtlich aktiv.

Herausforderungen, Neues und Neugierde schaffen neue Eindrücke und bringen Abwechslung ins Leben. Neue Erfahrungen helfen auf der einen Seite den Horizont zu erweitern, auf der anderen etwas Besonderes zu erleben, was wiederum das Glücksempfinden steigern kann.

Dasselbe gilt für Enthusiasmus und vor allem auch für Humor.

Übrigens:

Die Glücksforschung behauptet: Fröhliche Menschen leben nicht nur gesünder, sondern fühlen sich auch glücklicher.

Das Glücksempfinden wird auch von anderen beeinflusst

Reden Sie mit anderen über Ihre Erlebnisse, seien Sie gleichzeitig bereit, von den Erfahrungen dieser Menschen ebenso zu profitieren. Das heißt, dass andere Sie beeinflussen und glücklicher machen.

Unglückliche Menschen drücken das gemeinsame Glück

Natürlich wird es Situationen geben, in denen jemand traurig und/oder unglücklich ist.

Glück kann nur existieren, wenn es ,auf der anderen Seite' auch Unglück gibt. Es gibt also eine Art Auf und Ab, wobei die glücklichen Phasen überwiegen soll(t)en.

Wer unglücklich ist braucht gegebenenfalls Trost und Unterstützung. Nach angemessener Zeit sollte die Phase des Unglücklichseins überstanden sein.

Dann ist der Betreffende wieder ,frei' und aufnahmebereit für die positiven Dinge des Lebens.

Unglückliche Lebensstrategie

Nun gibt es allerdings auch Menschen, deren Lebensstrategie als Unglücklichsein bezeichnet werden kann. Hier wird nicht von einer vorübergehenden Phase gesprochen, sondern von einem Zustand.

Solche Personen scheinen ständig vom Unglück verfolgt. Sie sehen schon Schwierigkeiten und Hindernisse auf sich zukommen, solange die Sonne noch alles in ein angenehmes Bild taucht.

Diese Menschen denken negativ („Das Glas ist halb leer.").

Sie äußern eher Bedenken und Probleme. Sie erkennen die entstehenden Optionen und Möglichkeiten des Weiterkommens nicht.

Durch ihre negative Lebenseinstellung bringt sie ihr soziales Umfeld manchmal auch in eine Stimmung der gedrückten, ja fast depressiven Atmosphäre.

Mit gut gemeinten Vorschlägen ist ihnen nicht beizukommen. Sie bleiben bei ihrer Strategie:

„Mir geht's schlecht, also muss es ja auch im Leben schlecht gehen."

Ein Laie wird mit seinem Wohlwollen und seiner Bereitschaft zu helfen bald an seine Grenzen geraten. Zusätzlich droht die Gefahr, dass er sich selbst ‚runterziehen' lässt. Das gewünschte glückliche Leben scheint in der Ferne zu verschwinden.

Stopp! Möglicherweise benötigt der Unglückliche professionelle Hilfe.

Lassen Sie sich nicht die eigene Lebenseinstellung zerstören. Vielleicht ist es vernünftig, sich aus solch einer Verbindung zu lösen. Auch wenn es schwerfallen mag.

Lassen Sie sich Ihr Glück nicht nehmen! Ein ‚trauriges' Umfeld drückt die Stimmung, ein ‚glückliches' Umfeld hebt sie an.

Wenden Sie sich positiv Denkenden und Lebenden zu.

Positiv denkendes Umfeld

Suchen Sie sich Freunde, die positiv denken und generell eine gute Lebenseinstellung haben. Die Stimmung beim Zusammensein ist in der Regel angenehmer und auch die Gesprächsthemenauswahl ist optimistisch geprägt.

Glückliche Erinnerungen zurückrufen

Glücklicherweise trägt der Mensch ein Gehirn mit sich herum, welches ihm die tolle Errungenschaft eines Gedächtnisses ermöglicht.

Erinnert sich ein Mensch an Vergangenes, kann er das Gespeicherte üblicherweise mit allen damals angesprochenen Sinnen (riechen, schmecken, tasten, sehen und hören) wieder hervorbringen. Grandios!

Das erlaubt ihm, schon einmal Erlebtes wieder so lebhaft in Erinnerung zu bringen, als wäre es gerade geschehen. Machen Sie sich diese Fähigkeit zu Nutze, indem Sie schöne Erlebnisse erneut ‚vor Ihrem inneren Auge' abspielen lassen.

Die Glücksempfindungen von damals lassen sich gleichzeitig wieder erleben. Auf diese Art und Weise können Sie es schaffen, glückliche Situationen mehrfach zu erleben. Sie vervielfältigen sozusagen Ihre Glücksempfindungen.

Profitieren Sie von Erlebtem aus der Vergangenheit.

Haben Freunde dasselbe erlebt, können diese bei Ihnen gemeinsame Erlebnis mit allen Emotionen auch in Erinnerung rufen. Ebenso ist es umgekehrt möglich. Sie können auch bei Ihren Freunden erlebte Emotionen hervorrufen.

„Weißt du noch?"

Erinnern Sie sich an Schönes, Glückliches.

Echte Freunde gewinnen

*„Ein wahrer Freund trägt mehr zu unserem Glück bei,
als tausend Feinde zu unserem Unglück."*
**Marie von Ebner-Eschenbach, mährisch-österr. Schriftstellerin
(1830 - 1916)**

Was macht den echten Freund aus?

Vor einem Freund muss sich nicht verstellt werden. Freunde helfen und trösten einander, sie unterstützen sich und können zuhören.

Sie stehen nicht nur in den schönen Momenten des Lebens zueinander, sondern auch in unglücklichen Situationen, wie Verlust, Angst, Krankheit, Tod einer nahestehenden Person und so weiter.

So ist es nachvollziehbar, dass die meisten (also bedauerlicherweise nicht alle!) einen besten Freund beziehungsweise eine beste Freundin haben. Manche haben auch zwei Freunde und selten auch mal drei. Und zwar im kompletten Leben!

Ein echter Freund ist mehr wert als mehrere ‚lockere' Bekannte.

Wer ist schon bereit, ‚bedingungslos' und sofort zu helfen? Jederzeit – auch auf große Distanz?

Es wird klar, dass die Pflege der echten Freundschaft viel Empathie und Energie bedarf. Einfach zu behaupten „wir sind Freunde" heißt noch lange nicht, auch tatsächlich wahre Freunde zu sein.

Einer für den anderen – der andere für einen

„Einer für alle – Alle für einen!"

Dieser Ausspruch ist dem Buch ‚Die drei Musketiere' von Alexandre Dumas (1802 – 1870) entnommen.

Der Anspruch zeigt: Freundschaft beruht auf Gegenseitigkeit.

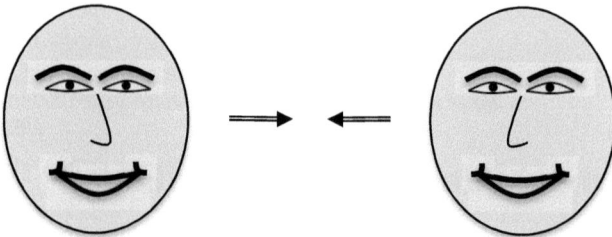

Meint nur einer der beiden, eine Freundschaft zum anderen zu leben, nicht aber umgekehrt, kann hier nicht von einer echten Freundschaft gesprochen werden.

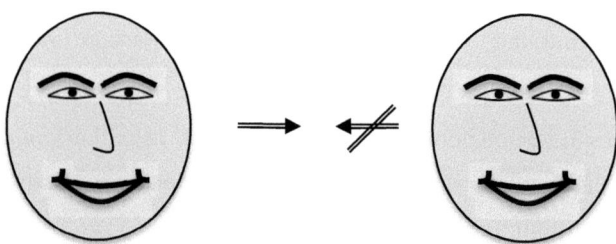

Nach einer Umfrage des Instituts für Demoskopie Allensbach von 2013 gaben 92 Prozent aller 14- bis 17-Jährigen an, einen besten Freund beziehungsweise eine beste Freundin zu haben. Über die Jahre sank die Prozentzahl bei 60-Jährigen und älteren Menschen bis auf 64 Prozent ab.

In derselben Erhebung meinten 75 Prozent aller Befragten, dass es „Freunde fürs Leben" gäbe. 13 Prozent meinten jedoch, diese Freunde gäbe es nicht.

Der Physiotherapeut Dr. Wolfgang Krüger ist der Meinung, dass eine Freundschaft im Durchschnitt 24 Jahre andauert. (Quelle: Spiegel 1/2015)

„Auch du mein Sohn Brutus!"

Da Freundschaften allerlei Krisen durchstehen müssen, kann es sein, dass diese enden, vielleicht sogar schlagartig.

Gaius Julius Caesar, der römische Imperator, der 100 vor Christus bis 44 vor Christus lebte, soll am Tag seiner Ermordung, als er seinen Freund Brutus unter den Mördern entdeckte, ausgerufen haben:

„Das ist ja Gewalt! Auch du mein Sohn?"

Damit ergab er sich seinem Schicksal. Tatsächlich war sein Freund Marcus Iunius Brutus Caepio (85 – 42 v. Chr.) an dem Mordanschlag auf Caesar beteiligt. Das tragische Ende einer langjährigen Freundschaft.

Stirbt ein Freund, stirbt ein Teil des Lebens

Und nicht nur das. Freundschaft braucht großes Vertrauen und duldet keinen Verrat.

Stirbt ein Freund beziehungsweise eine Freundin, stirbt auch ein Teil des eigenen Lebens.

Die gemeinsame Erinnerung an Vergangenes ist nicht mehr möglich und verblasst im Gehirn.

Der unvermeidliche Verlust einer echten Freundschaft ist fast als tragisch zu bezeichnen. Umso wichtiger ist es, die gemeinsame Zeit miteinander deutlich zu genießen.

Was sind Freunde? Was bedeutet gute Freundschaft?

Allein in Deutschland leben mehrere Millionen Singles. Junge und alte Menschen, Frauen und Männer.

Manche wählen das Alleinleben, manchen wurde es durch Trennung, Scheidung, Tod, Krankheit, Unfall oder andere Gründe aufgedrängt.

Das Alleinleben hat viele Vorteile, wie zum Beispiel die Selbstständigkeit tun und lassen können, was immer man/frau will, keine falsche Rücksichtnahme auf andere und und und.

Allerdings fehlt der gegenseitige Austausch von Informationen, die Verknüpfung anderer Gedanken zu neuen Erkenntnissen und das gemeinsame Erleben und Lachen.

Da gute Freundschaften nicht von alleine entstehen, muss etwas dafür getan werden. In vielen Seminaren, Workshops und Coachings hat unser Team die Frage gestellt:

„Was verstehen Sie unter guten Freunden?"

Die Frage scheint gar nicht so leicht zu beantworten. Nach längerem Nachdenken kommen viele Erklärungen zusammen, die Frage betreffend.

Die vier Räder der Freundschaft

Was bringt eine gute Freundschaft zum Laufen – und was hält sie in Bewegung? Die Frage zeigt, dass Freundschaft keine statistische Sache darstellt, sondern einer Bewegung bedarf.

Deshalb passt auch das Bild eines Rades, um die Bewegung oder Dynamik der Freundschaft zu symbolisieren.

Auf die Frage nach Freundschaft wurden am häufigsten folgende Antworten gegeben.

Ein guter Freund / eine gute Freundin ist:

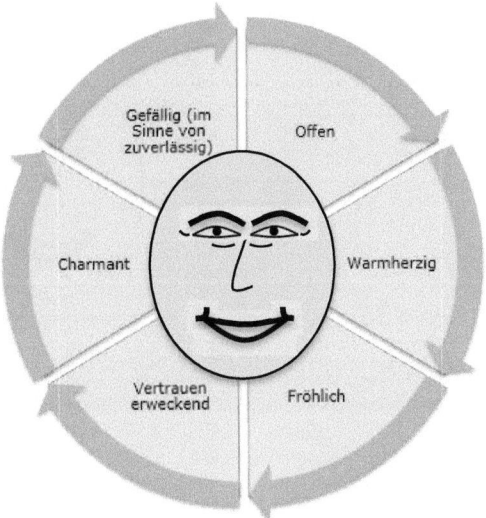

Das ist noch lange nicht alles. Es kommen noch drei weitere Räder.

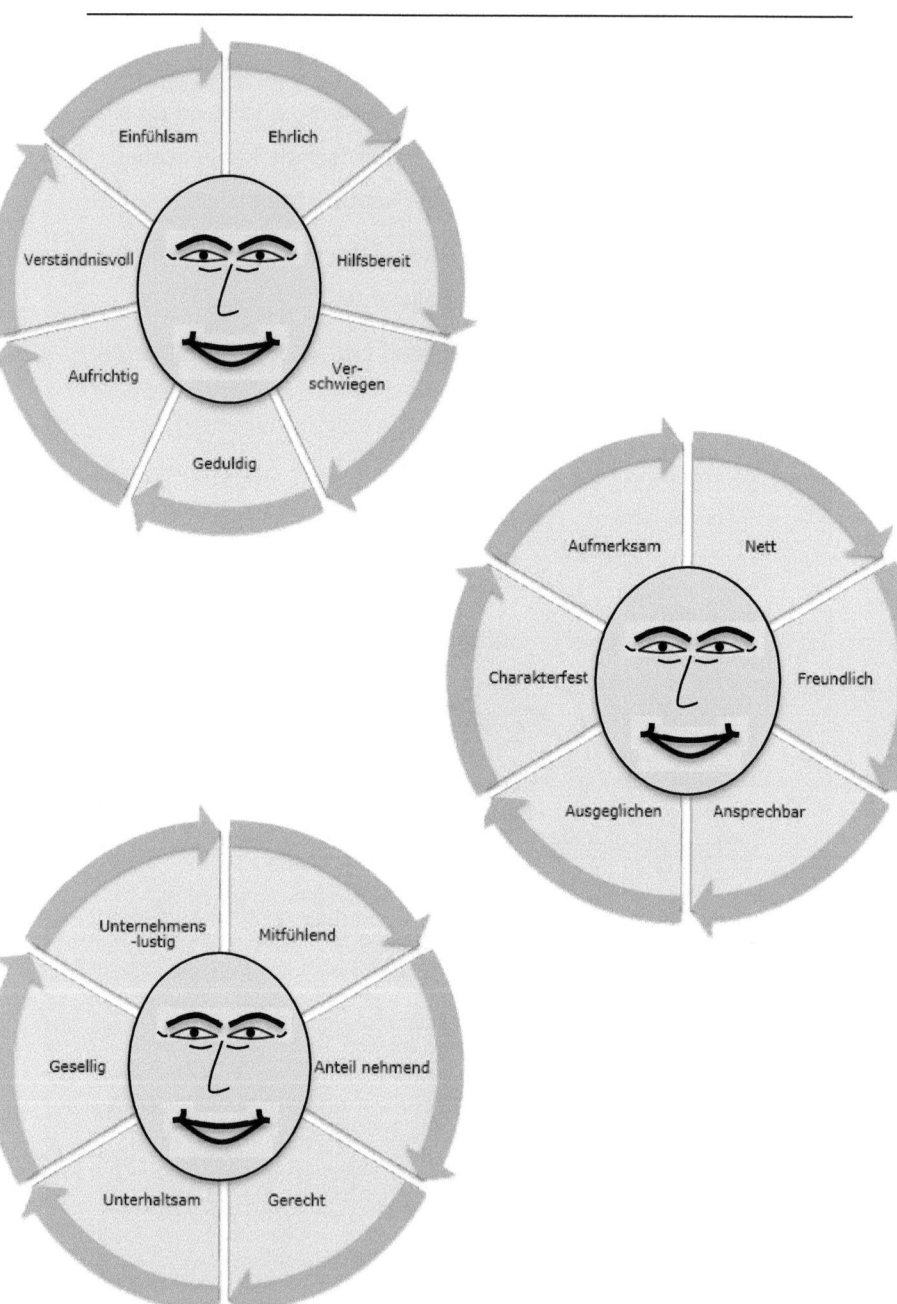

An eine gute Freundschaft wird eine hohe Anforderung gestellt, wie sich zeigt.

Außerdem hat ein guter Freund / eine gute Freundin Zeit und gute Laune. Ein guter Freund / eine gute Freundin lacht, verbreitet Optimismus, denkt positiv, tröstet, berät und hört zu.

Das sind ja schon einmal eine ganze Menge Anforderungen, die an eine gute Freundin beziehungsweise an einen guten Freund gestellt werden.

Es bedeutet also schon eine große innere Motivation, als gute/r Freund/in gesehen zu werden.

Allein aufgrund dieser Auflistung ist bereits zu erkennen, dass die Bezeichnung des Wortes Freund eine ganz andere ist, als sie beispielsweise in großen sozialen Netzwerken gegeben wird.

Eine echte, glückliche Freundschaft ist außerordentlich wertvoll. Sie ist pfleglich zu behandeln.

Lieber reich und geachtet als arm und geächtet

Diesen Spruch werden die meisten Menschen zustimmend annehmen. Wer will schon arm sein und außerdem dann noch geächtet? Wohl kaum einer.

Obwohl weiter vorn beschrieben wurde, dass Reichtum nur bedingt glücklich macht, wird Armut wohl keine vergleichbare Auswirkung zeigen.

Dann soll dieser Punkt auch von der anderen Seite betrachtet werden. Wer reißt sich schon darum, mit armen Menschen sein privates Leben verbringen zu wollen? Die meisten Menschen wollen möglichst mit sorgenfreien Leuten zu tun haben.

An dieser Stelle soll betont werden, dass arme Menschen denselben Stellenwert haben wie reiche. Materiell ärmere Personen haben sich die Situation oft nicht selbst ausgesucht.

So hat jeder seine Lebensberechtigung und seinen Wert. Es liegt in der Natur des Menschen, sozialen Kontakt aufzubauen; egal ob arm oder reich. Es mag sein, dass reiche Menschen einen größeren Freundeskreis aufbauen können.

Zum Beispiel, weil sie in Gruppen mit ‚Entscheidungsträgern‘ sozial oder ehrenamtlich engagiert sind.

Auch schaffen es berufliche Netzwerkveranstaltungen leicht, eine größere Zahl Menschen kennenzulernen. Der Freundeskreis wird größer und größer.

Lässt sich sicher sagen, dass es sich hierbei um ‚echte‘ Freunde handelt? Oder sind es eher gesellschaftliche beziehungsweise beruflich notwendige Kontakte?

Hier fällt mancher auf ein riskantes Trugbild herein und fühlt sich irrtümlich sozial abgesichert.

Der finanzielle Absturz droht

Was geschieht aber nun, wenn der finanzielle Absturz droht? Bleiben die Freunde, halten sie weiter zu Ihnen? Oder ist zu beobachten, dass die Kontakte weniger und seltener werden?

Nicht umsonst heißt es, dass sich echte Freunde (erst) in der Not zeigen.

Im Leben gibt es genügend Beispiele dafür, wie ‚verarmte' ehemas Reiche nach und nach vereinsamen. Das steigende Alter fördert diese Bewegung. Ergo: Arm und alt ist fürchterlich.

Als Trost sei folgendes Zitat des deutschen Philosophen Arthur Schopenhauer (1788 – 1860) erwähnt:

„Einer sei jung, schön, reich und geehrt; so fragt sich, wenn man sein Glück bewerten will, ob er dabei heiter sei: ist er hingegen heiter, so ist es einerlei, ob er jung oder alt, gerade oder bucklig, arm oder reich sei; er ist glücklich.“

Am besten ist es, sich rechtzeitig einen guten Freundeskreis zuzulegen, indem Sie mit Menschen zu tun haben, die Sie als echte Freunde bezeichnen können.

Investieren Sie in den Ausbau und Aufbau von solchen Freundschaften. Werden Sie auch in diesem Themenbereich aktiv. Stecken Sie Energie und Zeit in dieses Projekt und wertschätzen Sie den anderen so, wie er ist.

Dann sind Sie auf dem richtigen Weg, eine echte Freundschaft aufzubauen.

Bin ich ein guter Freund?

Es zeigt sich, dass eine große Erwartungshaltung gegenüber Freunden besteht. Es versteht sich aber wohl von selbst, dass zu einer guten Freundschaft (mindestens) zwei Personen gehören. Eigenschaften, die Sie von anderen erwarten, erwarten diese möglicherweise auch von Ihnen.

Deshalb zeigt hier eine kleine Checkliste, inwieweit Sie freundschaftsfähig sind. Der Einfachheit halber wurde in den folgenden Fragestellungen auf die männliche und weibliche Schreibform verzichtet und immer nur eine Variante dargestellt (statt: ein guter Freund/eine gute Freundin ... nun: ein guter Freund).

Bitte beantworten Sie alle Fragen mit ‚ja' oder ‚nein'.

1	Ein Mensch kann auch ohne Freunde leben.
2	Freunde gibt es wie Sand am Meer.
3	Freunde sind leicht zu finden.
4	Es kostet Kraft, Freunde zu halten.
5	Es ist schwieriger, eine neue Freundschaft zu schließen, als eine bestehende zu halten.
6	Jeder kann endlos viele Freunde haben.
7	Freundschaft bedeutet Vertrauen.
8	Eigenes, gefestigtes Selbstbewusstsein hilft, eine gute Freundschaft aufzubauen.
9	In einer Freundschaft muss viel gelogen werden.
10	Echte Freunde sind rar.

11	Starke Eifersucht bindet eine Freundschaft.
12	Arroganz stärkt die Freundschaft.

13	Unzufriedenheit stört die freundschaftliche Beziehung.
14	Gegenseitiger Neid ist der fruchtbare Boden für eine erfolgreiche Freundschaft.
15	Zu einer Freundschaft gehört immer eine gesunde Portion Misstrauen.
16	Offenheit schadet der Freundschaft.
17	Offenheit bedeutet Verletzbarkeit.
18	In einer Freundschaft darf der andere nie zu nahe an sich selbst herangelassen werden.
19	Eine Freundschaft kann nur dann überleben, wenn immer wieder beiderseitiger Austausch stattfindet.
20	Kommunikation bindet.

21	Gegenseitige Achtung der Persönlichkeit ist unwichtig.
22	Jeder muss in einer Freundschaft seine kleine Privatsphäre haben.
23	Freundschaften dürfen keine übertriebenen Erwartungen hervorrufen.
24	In einer Freundschaft ist der andere immer die wichtigere Person.
25	Gegenseitiges Interesse an Hobbys hilft dem Aufbau einer guten Freundschaft.
26	In einer Freundschaft sollen eigene Ängste unterdrückt werden.
27	Ein Freund muss immer geben.
28	Ein Freund muss immer für mich da sein.
29	Ein Freund darf kleine Geheimnisse vor mir haben.
30	Freunde machen nie Fehler.

31	Meine Freunde sind nur für mich da.
32	Freunde sollen immer einer Meinung sein.

33	Die Privatsphäre eines Freundes ist zu achten.
34	Auch die besten Freunde dürfen/können mal mit Menschen zusammen sein, die ich nicht unbedingt mag.
35	Freunde respektieren die Bedürfnisse des anderen.
36	Gute Freunde helfen einander.
37	Mit echten Freunden kann ich tiefe Gefühle austauschen.
38	Freunde sind immer perfekt.
39	Eine Freundschaft muss perfekt sein.

40	Langeweile bindet eine Freundschaft.
41	Auch Freunde haben Fehler.
42	Gegenseitige Anregung baut eine intensive Freundschaft auf.
43	Wer zu kritisch ist hat Schwierigkeiten, eine gute Freundschaft aufzubauen.
44	Perfektionismus hilft dem Aufbau einer guten Freundschaft.
45	Andere können anders fühlen als wir selbst.
46	Unterdrückter Ärger hilft in der Freundschaft.
47	Kommt es zu Enttäuschungen, kann in einer guten Freundschaft problemlos darüber geredet werden.
48	Missverständnisse in einer Freundschaft sind unvermeidlich.
49	In einer Freundschaft muss auch mal seinem Ärger freien Lauf gelassen werden.
50	Echte Freunde können offen miteinander über alles sprechen.

51	Offenheit in sexuellen Fragen demonstriert eine ehrliche Freundschaft.

52	Sex gehört immer zu einer Freundschaft.
53	Gute Freundschaften heben das gegenseitige Selbstbewusstsein.
54	In einer guten Freundschaft gibt es immer wieder Neues zu entdecken.
55	Ein guter Freund nimmt auf die Gefühle des anderen Rücksicht.
56	Freunde fühlen sich gekränkt, wenn sie von einem Freund ein unpassendes Geschenk bekommen.
57	Gegenseitige Ignoranz zueinander hat in einer Freundschaft nichts zu suchen.
58	In einer Freundschaft muss dem anderen gesagt werden, was einem nicht gefällt.
59	Dumme Menschen haben keine Freunde.
60	Mit Geld kann eine Freundschaft gekauft werden.

61	In einer Freundschaft muss über jede Kleinigkeit Bericht erstattet werden.
62	Freunde dürfen nach einer Party beim Aufräumen helfen.
63	Eine echte Freundschaft gibt es überhaupt nicht.
64	Echte Freunde sind immer vom anderen Geschlecht.
65	In einer Notsituation ist der echte Freund immer da.
66	Die meisten Menschen sind es nicht wert, beachtet zu werden.
67	Ein Freund muss erst beweisen, dass er ein echter Freund ist.
68	Freunde dürfen nicht zu viel vom Gegenüber wissen.
69	Freundschaft bedeutet nur eine oberflächliche Begegnung.
70	In Freundschaft muss viel Zeit und Energie investiert werden.

71	Eine Freundschaft bedeutet Geben und Nehmen.
72	Freunden gegenüber soll sich nicht zu viel geöffnet werden.
73	Ohne Freunde leidet die Lebensqualität.
74	Freunde sind nur zum Feiern da.
75	Ein guter Freund wird bei langer Abwesenheit vermisst.
76	Freunde stehen auch in schlechten Tagen zueinander.
77	Was von Freunden anvertraut wird, wird nicht an Dritte weitergeleitet.
78	Freunde sollen einen nicht mit ihren Sorgen belästigen.
79	Freunde bringen Abwechslung und Spaß.
80	Ein Freund weiß nicht, wie es wirklich in mir aussieht.

81	Freundschaft bedeutet überwiegend Stress.
82	Freundschaft erwartet Diskretion.
83	Freunde können weitestgehend die früher übliche (Groß)Familie ersetzen.
84	Ein guter Freund ist frei von elterlichen Erwartungshaltungen.
85	Einem guten Freund kann sich absolut anvertraut werden.
86	Freundschaft ist nur Kumpanei.
87	Auch in einer Freundschaft darf Lob ausgesprochen werden.
88	Es hilft, eine Freundschaft aufzubauen, wenn auf den anderen zugegangen wird.
89	Der andere muss den ersten Schritt tun.
90	Freunde müssen bei finanziellen Problemen immer helfen.

91	Männer können untereinander keine echte Freundschaft aufbauen.
92	In einer guten Freundschaft wird möglichst wenig gelogen.
93	In einer Freundschaft darf von eigenen Bedürfnissen gesprochen werden.
94	Echte Freunde gibt es nicht.
95	Ein Mensch kann 100 echte Freunde haben.
96	Es kann eine lebenslange Freundschaft geben.
97	Partner können Freunde sein.
98	Familienmitglieder können untereinander Freunde sein.
99	Eine Freundschaft unter Kindern ist keine echte Freundschaft.
100	Es gibt echte Freundschaften ohne Gefühlsaustausch.

Puh! Sie haben es geschafft! Manchmal ist es gar nicht so einfach, sich zu entscheiden.

Gegebenenfalls verändern sich Prioritäten im Lauf des Lebens auch.

Wie dem auch sei, es wird versucht, die Zuordnungen allgemeingültig zu erfassen.

Bitte vergleichen Sie mit diesen Zuordnungen auf der nächsten Seite:

Nr	J	N	Nr	J	N	Nr	J	N	Nr	J	N
		J/N									
	J	N	26		X	52		X	78		X
1		X	27		X	53	X		79	X	
2		X	28		X	54	X		80		X
3		X	29	X		55	X		81		X
4	X		30		X	56		X	82	X	
5	X		31		X	57	X		83	X	
6		X	32		X	58	X		84	X	
7	X		33	X		59		X	85	X	
8	X		34	X		60		X	86		X
9		X	35	X		61		X	87	X	
10	X		36	X		62	X		88	X	
11		X	37	X		63		X	89		X
12		X	38		X	64		X	90		X
13	X		39		X	65		X	91		X
14		X	40		X	66		X	92	X	
15		X	41	X		67		X	93	X	
16		X	42	X		68		X	94		X
17	X		43	X		69		X	95		X
18		X	44		X	70	X		96	X	
19	X		45	X		71	X		97	X	
20	X		46		X	72		X	98	X	
21		X	47	X		73	X		99		X
22	X		48	X		74		X	100		X
23	X		49	X		75	X				
24		X	50	X		76	X				
25	X		51	X		77	X				

Übereinstimmungen 0-25

Offensichtlich unterscheidet sich Ihre Vorstellung, was eine wahre Freundschaft ausmacht, stark vom Bild der Gesellschaft und der Allgemeinheit. Es ist immer sehr schön, einen eigenwilligen Menschen vor sich zu haben.

Zum Aufbau einer wahren Freundschaft könnte Ihnen diese Einstellung allerdings Steine in den Weg legen. Wenn Sie möchten, beherzigen Sie die Ratschläge in diesem Buch und beobachten Sie sich selbst noch aufmerksamer als zuvor.

Sie werden sehen, dass es mit einigem Einsatz gelingen wird, eine dauerhafte und gute Freundschaft aufzubauen.

Übereinstimmungen 26-50

Ihre Anschauungen weichen im überwiegenden Teil von dem ab, was das soziales Umfeld als vorteilhaft im zwischenmenschlichen Verhalten ansieht.

Es wird Ihnen nach Lektüre dieses Buches sicherlich leichter fallen, Ihre Mitmenschen mit anderen Augen zu sehen.

Mit etwas Energie und Mühe wird es Ihnen sicherlich gelingen, eine wünschenswerte Freundschaft zu erzielen. Wenn Sie wollen, arbeiten Sie noch etwas an sich!

Sie sind auf dem richtigen Weg zur glücklichen Freundschaft.

Übereinstimmungen 51-75

Ihre Einstellung stimmt zum großen Teil mit der Einstellung hiesiger Gesellschaft überein. Sie sind auf dem besten Weg, ein/e begehrenswerte/r Freund/in zu werden.

Noch allerdings ist Einsatz Ihrerseits nötig, um das Tüpfelchen aufs ‚i' zu setzen.

Die in diesem Buch gegebenen Ratschläge werden Ihnen sicherlich helfen, das ein oder andere Ausschlaggebende ins positive und rechte Licht zu rücken.

Geben Sie nicht auf und arbeiten Sie weiter an sich. Legen Sie noch etwas mehr Wert auf Elemente der zwischenmenschlichen Kommunikation. Einer glücklichen Freundschaft steht nichts im Weg.

Übereinstimmungen 76-100

Sie sind ein/e wahre/r Freund/in! Mit Ihnen lassen sich ‚Pferde stehlen'! Sie sind zu beneiden ob Ihrer Einstellung zu Freundschaften.

Nutzen Sie Ihr Wissen und Ihre Fähigkeiten, Freundschaften noch intensiver auszubauen.

Nutzen Sie auch Ihre theoretischen Kenntnisse, um sie in die Praxis umzusetzen. Es dürfte Ihnen leichtfallen, die Ratschläge aus diesem Buch zu beherzigen. Viel Glück!

Fazit

Egal wie das Ergebnis ausgefallen ist – Sie sind kein schlechter Mensch! Lassen Sie sich die Ratschläge durch den Kopf gehen, beobachten Sie andere und sich selbst, um Übereinstimmungen festzustellen.

Die Punkte, die Ihnen wichtig erscheinen, picken Sie heraus und bearbeiten sie intensiver.

Beruflich betrachtet ist es manchmal gar nicht so einfach, ‚Freunde' zu finden. Inwieweit Dienstliches zu Privatem werden darf, ist nicht unbedingt eindeutig zu klären.

Unterstützen Sie sich selbst, eine wertvolle Freundschaft aufzubauen. Sie werden Emotionen und Erinnerungen teilen können. Hoffentlich können Sie viel miteinander lachen und gemeinsam glückliche Momente erleben.

Brieffreundschaft

Schon weit zurück bei den menschlichen Vor-Vor-fahren wurden Botschaften gegenseitig ausgetauscht. Es dauerte vergleichsweise lange, bis viele Menschen des Lesens und des Schreibens mächtig waren.

Noch im späten Mittelalter besaßen wenige gebildete diese Fähigkeit. Außerdem war Schreiben teuer (Papier, Feder, Tinte …) und die Zustellung umständlich.

Etwa ab 1700 versicherten sich Studierende durch Einträge in sogenannten Freundebücher gegenseitiger Freundschaft. Ein Vorgänger späterer Poesie-Alben. Diese Freundebücher hießen ‚album amicorum' (Stammbuch).

Neben Namen/Spitznamen wurden Gemeinsamkeiten, Eigenschaften und Vorlieben durch den Eintragenden festgehalten. Zeichnungen ergänzten die Texte. Die Freundebücher waren hochwertig gestaltet.

Später, Anfang des zwanzigsten Jahrhunderts, entstanden Brieffreundschaften. Sie ermöglichten es, über weite Distanzen – sogar weltweit – brieflichen Kontakt mit anderen Menschen aufzunehmen.

Es dauerte Tage bis Wochen, bis die Antwort eintraf, die mit glücklichen Erwartungen geöffnet wurden.

Durch den persönlichen Austausch entwickelte sich eine Art Freundschaft, wobei sich die Brieffreunde möglicherweise selbst nie getroffen haben.

Freundschaften für ewig?

Wenn Sie liebe Leserin, lieber Leser, nach Zitaten zum Thema Freundschaft suchen, werden Sie – bildlich gesprochen – regelrecht mit sinnvollen und überwiegend nachdenklich machenden Sprüchen überschüttet.

Schon vor über 2.000 Jahren haben sich Persönlichkeiten zu diesem Thema Gedanken gemacht, die aufgezeichnet wurden. Vielleicht bewegte dieses Thema auch schon Menschen in der Frühzeit ihres Daseins – es fehlt hier die schriftliche Quelle.

So darf davon ausgegangen, dass das Thema Freundschaft nicht eben mal so abgetan werden soll. Im Gegenteil – es scheint eher wichtig zu sein.

Deshalb wurden zum Ausklang für diesen Ratgeber einige Zitate ausgesucht, die viele Themen bestätigen, die in diesem Buch besprochen wurden.

Dazu erfolgt ein zeitlicher Schritt knapp 2.500 Jahre zurück.

Freundschaft und Feindschaft

Euripides, ein griechischer Dramatiker (480 – 406 v. Chr.), der etwa 90 Tragödien geschrieben hat, meinte:

„Es ist gut, wenn man reich ist, und es ist gut, wenn man stark ist, aber noch besser ist es, wenn man von vielen Freunden geliebt wird."

Seine Tragödien werden heute noch aufgeführt, was die Bedeutung seiner Schriften von damals unterstreicht.

Obwohl oder gerade weil Euripides auf Tragödien ausgerichtet war, ist sein Spruch über Freundschaft bedeutungsvoll.

Der römische Redner und Staatsmann Marcus Tullius Cicero, (106 – 43 v. Chr.) begibt sich mit seinem Vergleich sogar ins Weltall. Er war der Meinung:

„Wer die Freundschaft aus dem Leben verbannt, entfernt aus der Welt die Sonne."

Bekanntlich könnten die Menschen auf der Welt ohne Sonne gar nicht leben – kein Leben wäre möglich. Übertragen bedeutet das, wie unglaublich wichtig Freundschaften sind. Wie wichtig es ist, Freundschaften nutzen zu können – ein Leben wäre sonst gar nicht möglich.

Der weiter oben zitierte römische Dichter Horaz (65 – 8 v. Chr.) hat ebenso erkannt, wie wichtig Freunde sind. Deshalb sagte er:

„Ein Freund – die Hälfte meiner Seele."

Aus dieser Aussage ist zu erkennen, wie wichtig er den Stellenwert eines Freundes einschätzt. Immerhin die Hälfte der eigenen Seele. Aus dieser Überlegung lässt sich ableiten, dass ein echter Freund wichtiger ist als mehrere ‚sogenannte‘ Freunde.

Der Philosoph Lucius Annaeus Seneca (Seneca der Jüngere), lebte von ca. 1 oder 4 v. Chr. – 65 n. Chr.

Er war einer der größten und bekanntesten Rhetoriker und Anhänger der stoischen Philosophie, zu deren Grundsätzen Selbstbeherrschung und Gelassenheit gehören.

Freundschaft mit sich selbst

Seneca war immerhin maßgeblicher Erzieher Neros und stand diesem auch später, als er Kaiser (Nero Claudius Caesar Augustus Germanicus, 37 – 68) wurde, mehrere Jahre als Berater zur Seite.

In dieser Zeit gehörte Seneca zu den reichsten und einfluss-reichsten Männern Roms.

Die gute Beziehung zu Kaiser Nero war aber nicht von Dauer. Nero beschuldigte Seneca der Verschwörung ihn ermorden zu wollen und befahl ihm sich selbst zu töten.

Hierauf soll sich Seneca mit einem Messer zunächst die Pulsadern aufgeschnitten und weitere Adern an den Beinen geöffnet haben.

Dann soll er wie Sokrates ein Gift getrunken haben, das aber nicht wirkte. Und schließlich soll er in einem Dampfbad erstickt sein.

Von Seneca ist folgender Satz überliefert:

„Ich habe damit begonnen, mir selbst ein Freund zu sein. Damit ist schon viel gewonnen, man kann dann nicht mehr einsam sein. Wisse auch, dass ein solcher Mensch, allen ein rechter Freund sein wird.“

Er zeigt mit diesem Satz eine gewisse innere Ruhe, wenn er sich selbst sein bester Freund ist, sich also so annimmt, wie er ist. Und gleichzeitig wird er dadurch auch für andere zum Freund.

Daraus lässt sich ableiten, dass ein Mensch erst einmal mit sich selbst im Reinen sein muss, um ein Freund werden zu können.

Das ist eine wichtige Erkenntnis für die eigene Persönlichkeits-entwicklung.

Ein echter Freund ist wertvoller als viele unechte

Nun erfolgt ein zeitlicher Sprung zu Molière (eigentlich Jean-Baptiste Poquelin, 1622 – 1673). Molière war ein französischer Schauspieler und vertrat die Meinung:

„Wer aller Menschen Freund ist, der ist der meine nicht.“

Anders ausgedrückt: Der Mensch kann und soll es nicht jedem recht machen. Keiner soll jedermanns Freund sein. Das geht nicht und ist auch nicht als Ziel zu betrachten.

Abgesehen davon: Wenn jemand bereits ein Freund einer anderen Person ist, schließt das zwar nicht aus, dass er auch mein Freund werden könnte.

Jemand, der <u>einen</u> echten Freund als seinen bezeichnet, kann viel mehr Aufmerksamkeit und Energie in den anderen stecken. Wie sollte das einer umsetzen, der Freund von Vielen ist?

Der eine, der besondere Freund ist ausschlaggebend und wichtig fürs Leben.

„Ein guter Freund ist mehr wert als aller Ruhm der Welt."

So weit ging sogar Voltaire (eigentlich François-Marie Arouet, 1694 – 1778).

Voltaire war ein französischer Philosoph der Aufklärung. Er war ein bekannter Schriftsteller, dessen Werke von vielen Interessierten begeistert gelesen wurden. Er hat sich viel mit den Menschen und dem Zusammenleben auseinandergesetzt.

Friedrich II. (1712 – 1786), der Große, lud Voltaire an den Preußischen Hof ein, wo er dann einige Jahre im Schloss Sanssouci lebte.

Voltaire erhielt sogar den Orden Pour le Mérite (Für das Verdienst). Dieser Orden galt immerhin als höchste Auszeichnung am Preußischen Hof.

Bedauerlicherweise entzweite sich Voltaire von Friedrich II. Und zwar komplett, sodass sogar der Orden wieder entzogen wurde.

Vielleicht seufzte deswegen der Preußische König:

„Ein wahrer Freund ist ein Geschenk des Himmels."

Ein Monarch weiß bestimmt, wie viele ‚falsche' Freunde es gibt.

Der bekannte deutsche Schriftsteller Johann Wolfgang von Goethe (1749 – 1832) wird sehr häufig in Bezug auf Freundschaft zitiert.

Der folgende Spruch wurde gewählt, da er zeigt, wie wertvoll für Goethe ein Freund ist und wie zeitaufwändig es sein kann, diese Freundschaft zu schließen:

„Ich weiß, du bist mein Freund, wenn du mich kennst: Und eines solchen Freunds bedurft' ich lange."

Es reicht also nicht, einfach nur zu sagen „ich bin dein Freund", sondern es bedarf einer Entwicklung und damit auch der entsprechenden Zeit, ein wahrer Freund zu werden.

Erst wenn einer den anderen richtig kennt, kann eine Freundschaft entstehen.

Auf eine gute und glückliche Freundschaft!

Freundschaft im Alter

Die Zeit, ja die vergeht. So werden Menschen älter und manche haben das Gefühl, die Zeit laufe ihnen davon.

Die Glücklichen, die besonders alt werden dürfen, verlieren nach und nach ihre Freunde.

Wer möchte schon im Alter ohne Freunde dastehen? Nun, es schließt ja keineswegs aus, dass echte Freundschaften auch im Alter geschlossen werden können.

Die Wege zur Freundschaft wurden ja bestens beleuchtet.

Der deutsche Philosoph Arthur Schopenhauer (1788 – 1860) schrieb:

„Das ist eine rechte Herzensstärkung im Alter, wo die Freunde unsrer Jugendzeit fast alle weggestorben sind, dass wir neue und junge Freunde finden, welche an Teilnahme und Eifer die ehemaligen übertreffen.“

Um es nicht falsch zu verstehen: Keiner muss warten, bis er alt wird, um Freunde zu finden. Jederzeit lassen sich Freundschaften schließen.

Keine Straße ist lang mit einem Freund an der Seite

Zuletzt sei noch ein Blick auf den bekannten und gleichzeitig umstrittenen irischen Dramatiker Oscar Wilde (eigentlich Oscar Fingal O'Flahertie Wills Wilde, 1854 – 1900) erlaubt.

Für ihn war wichtig festzustellen:

„Großzügigkeit ist das Wesen der Freundschaft.“

Wilde lebte ein kurzes, aber ein turbulentes Leben. Obwohl verheiratet, ging er mit einem 17-jährigen Mann eine Freundschaft und Liebesbeziehung ein, die er relativ offen auslebte.

Diese Freundschaft zahlte er mit einer Zuchthausstrafe, die ihn körperlich ruinierte. Die letzten drei freien Jahre seines Lebens verbrachte er verarmt in Paris.

So sollen die Zitate zum Thema Freundschaft mit dem Satz „Keine Straße ist lang mit einem Freund an der Seite" beendet werden.

Er stammt vom österreichischen Erzähler Rainer Maria Rilke (eigentlich René Karl Wilhelm Johann Josef Maria, 1875 – 1926).

Ein Freund hilft, lange Strecken zu überwinden, sorgt für Abwechslung und Kurzweil.

Glücklich sind die, die Freunde haben. Teilen Sie Ihr Glück mit einem Freund und teilen Sie einen weiten, langen, gemeinsamen Weg im Leben.

Epilog

Zum Ausklang – Epilog

Eine glückliche Zukunft ...

... mit vielen Glücks-Momenten

Liebe Leserin, lieber Leser, es ist schön, dass Sie den Ausführungen dieses Ratgebers bis zum Ende gefolgt sind.

Es sollte klargeworden sein, dass ein glückliches Leben sehr wertvoll ist.

Es wurden Tipps gegeben, wie durch individuelles Verhalten aber auch durch den Umgang mit anderen ein positives Miteinander aufgebaut werden kann.

Vielleicht hat Sie der eine oder andere Gedanke oder Hinweis angeregt, diesbezüglich ins tiefere Nachdenken zu kommen. Möglicherweise hat der eine oder andere Punkt Ihr bestehendes Wissen zum Thema Glück ergänzt.

Jedenfalls liegt es zum großen Teil in der Hand einer jeden Person, sein Leben idealerweise so zu formen, wie es ihm möglichst angenehm wird.

Nicht immer wird das Glück ‚auf der Straße' liegen, wo es aufgehoben werden kann.

Vielmehr ergeben sich eine Reihe Optionen, die helfen, glückliche Momente zu erleben und das Leben generell glückseliger werden zu lassen.

Ich wünsche Ihnen eine glückliche Zukunft mit vielen Glücks-Momenten, sowie liebenswerte Menschen, mit denen Sie Ihr Glück teilen können.

Horst Hanisch

Stichwortverzeichnis

Knigge als Synonym und als Namensgeber

Umgang mit Menschen

„Suche weniger selbst zu glänzen,
als andern Gelegenheit zu geben,
sich von vorteilhaften Seiten zu zeigen,
wenn Du gelobt werden und gefallen willst."
Adolph Freiherr Knigge, aus dem Buch „Über den Umgang mit Menschen", 1788
(1752 - 1796)

Adolph Freiherr Knigge

Schon zu seinen Lebzeiten war Adolph Freiherr Knigge (1752 – 1796) umstritten. Knigge setzte sich durch sein energisches Eintreten für die Ziele der Aufklärung, so wie er sie verstand, scharfen Angriffen aus.

Er arbeitete als Romanschriftsteller und Satiriker, sowie als politischer Schriftsteller. Er gehörte den Freimaurern an.

Heute ist Knigge vor allem seines Buches wegen ‚Über den Umgang mit Menschen' (1788) bekannt. Und zwar deswegen, weil sein Werk als Etikette-Buch angesehen wird.

Knigge verdankt seinen heutigen Ruf und Erfolg aber einem Missverständnis. Denn: Das Werk Adolph Freiherr Knigges gilt als Etikette-Buch ersten Rangs. Allerdings beschreibt Knigge keine Regeln wie mit Besteck umzugehen ist, oder das Verhalten bei Tisch, stattdessen offenbart er eine praktische Lebensphilosophie im Umgang mit Mitmenschen.

Er gibt Anleitungen und Anregungen, wie mit seinen Mitmenschen richtig umzugehen ist. Knigge hoffte damit, dass die Menschen glücklich und froh miteinander leben könnten.

Sein Buch erschien 1788 und war schon kurze Zeit in fast allen Haushalten zu finden. Über 200 Jahre lang prägte sich sein Buch im Bewusstsein der Leser als praktisches Handbuch über gutes Benehmen ein.

In drei Teilen seines Buches hat Knigge über den Umgang mit verschiedenen Menschengruppen geschrieben, zum Beispiel:

Über den Umgang mit Leuten von verschiedenen Gemütsarten, Temperamenten und Stimmungen des Geistes und des Herzens (Erster Teil, 3. Kapitel)

- Über den Umgang mit Frauenzimmern (Zweiter Teil, 5. Kapitel)

- Über das Verhältnis zwischen Wohltätern und denen, welche Wohltaten empfangen; wie auch unter Lehrern und Schülern, Gläubigern und Schuldnern (Zweiter Teil, 10. Kapitel)

- Über den Umgang mit den Großen der Erde, mit Fürsten, Vornehmen und Reichen (Dritter Teil, 1. Kapitel)

Obwohl es heute klar ist, dass Knigge anderes verfolgte, als wir unter seinem Namen verstehen, soll ‚Knigge' als Synonym für den Bereich stehen, dem sich das vorliegende Buch widmet.

Ratgeber im kompakter 12x19-Format

Der kleine ... -Knigge [2100]

Anstands- und Banausen-...
Business- und Kunden-...
Büro- und Kollegen-...
Gäste- und Gastgeber-...
Gesellschafts- und Freunde-...
Outfit- und Stil-...
Interkulturelle- und
Auslands-...
Bewerbungs- und
Vorstellungs-...
Event- und Feste-...
Gastro- und Tischsitten-...
Speisen- und Exoten-...
Trinkkultur- und Getränke-...

Je 88 Seiten

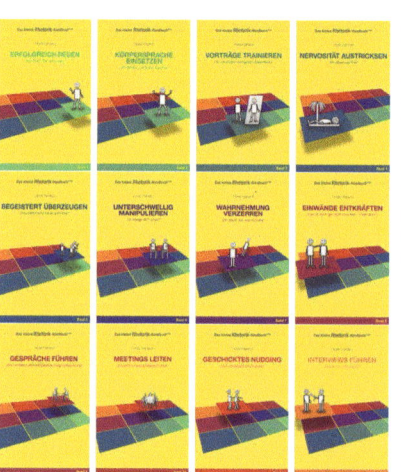

Das kleine Handbuch der Rhetorik [2100]

Erfolgreich reden „Die Kunst, flott vorzu-
tragen"
Körpersprache einsetzen „Mit Händen
und Füßen sprechen"
Gezielt trainieren „Ich will endlich erfolg-
reich präsentieren!"
Nervosität austricksen „Mir zittern die
Knie"
Begeistert überzeugen „Das rhetorische
Feuer entfachen"
Unterschwellig manipulieren „Ich kriege
dich schon!"
Wahrnehmung verzerren „Ich glaub' nur,
was ich sehe."
Einwände entkräften „Das ist doch gar
nicht machbar! – Oder doch?"
Gespräche führen „Zielorientierte und
zeitsparende Gesprächslenkung"
Meetings leiten „Besprechungen erfolgreich führen"
Geschicktes Nudging „Das versteckte Anschubsen"
Interviews führen „Darf ich Sie mal fragen?"
Je 100 Seiten

Das Märchen der ...

professionellen Argumentation
harmlosen Fragen
sauberen Wahrheit
vertrauenswürdigen Fairness

... in der Rhetorik [2100]
Je 100 Seiten

4 Ratgeber in der Ego-Management-Reihe

Persönlichkeits-Management – Ego-Knigge [2100] Soft Skills, Selbst-Reflexion und Selbst-Bewusstsein

Stress-Management – Ego-Knigge [2100] Lampenfieber, Stressoren, Gerüchte, Mobbing, Burnout, Stressvermeidung

Zeit-Management – Ego-Knigge [2100] Umgang mit der Zeit, Organisation von Arbeitsabläufen, Perfektionismus, Zielsetzung

Gedächtnis-Management – Ego-Knigge [2100] Gehirn, Intelligenz, Schwachsinn – Hochbegabung, Gedächtnis, Lerntechniken.

Jeder Ratgeber 104 Seiten, A5, kartoniert

4 Ratgeber der Reihe Lebenseinstellung

Aberglauben-Knigge [2100] Von schwarzen Katzen, der linken Hand des Teufels und den Glücksbringern

Lügen- und Egoismus-Knigge [2100] Überleben durch Flunkern, Schummeln und Täuschen! Macht, Respekt, Wertschätzung? Lebenslüge und Lebensschutz

Glücks-Knigge [2100] Vom Glücklichsein, positiven Denken und von Freundschaften

Angst- und Optimismus-Knigge [2100] Die Furcht beherrschen, Ängste nutzen und positiv durchs Leben gehen.

Jeder Ratgeber 216 Seiten, A5, kartoniert

3 Ratgeber Bräutigam, Braut und Brautpaar

Bräutigam-Knigge [2100] Verlobung und Polterabend, Schwiegereltern und das Ja-Wort, Hochzeits-Outfit und Hochzeits-Kutsche

Braut-Knigge [2100] Brautkleid und Accessoires, Das große Hochzeitsfest, Höhepunkte und Hochzeitstanz

Brautpaar-Knigge [2100] Historisches und Sonderbares, Planung und Organisation, Aberglaube und Hochzeitsbräuche.

Jeder Ratgeber 104 Seiten, A5, kartoniert

3 Ratgeber Selbst-Coaching

Selbstbewusstsein Knigge [2100] Ich bin, ich kann, ich will. Das eigene Leben bestimmen, Soft Skills, The Winner 1.

Selbstwertgefühl Knigge [2100] Steh auf! Werde aktiv! Zeige Profil! Das eigene Leben beeinflussen, Motivation, The Winner 2.

Selbstoptimierung Knigge [2100] Optimistischer, attraktiver, authentischer. Das eigene Leben gestalten, Ansprüche, The Winner 3.

Jeder Ratgeber 120 Seiten, A5, kartoniert

Leben und Lifestyle

Adam allein auf der Welt Knigge ^{2100} Ein Buch mit Bildern vom ersten Menschen, seinen Gedanken und seiner Körpersprache, 104 Seiten, A5, ca. 155 Fotos

Jugend-Knigge ^{2100} Knigge für junge Leute und Berufseinsteiger, 152 Seiten

Alters-Knigge ^{2100} Abgehängt und abgeschoben? Altersdiskriminierung? Akzeptanz des Älterwerdens!, 152 Seiten

Zukunfts-Knigge ^{2100} Verfall der Sitten und Verlust der Wertschätzung? Umgangsformen in 100 Jahren. Zusammenleben mit Menschen, Maschinen und menschenähnlichen Robotern, 172 Seiten A5 kartoniert

KI-Knigge ^{2100} Leben mit der Künstlichen Intelligenz! Veränderungen im realen Umgang?, 196 Seiten A5 kartoniert

Wertschätzung-Knigge ^{2100} Gleichberechtigung, Gender und Respekt, Sexuelle Orientierung, Umgang bei Diskriminierung und Mobbing, 152 Seiten A5

Hochzeits-Knigge ^{2100} Hochzeitsbräuche, Geschenke, Brautjungfer, Trauung, Festgäste und Festmahl, 310 Seiten A5

Ü65- und Senioren-Knigge ^{2100} Die junge Alten und die alten Jungen, Kommunikation und Verständnis zwischen den Generationen, 180 Seiten A5

Blumen-Knigge ^{2100} Historisches, Mystisches, Festliches, Blumensprache, Umgang mit Blumen-Präsenten, 144 Seiten A5

Bekleidung! Ausdruck der Persönlichkeit – Lukas' Outfit-Knigge ^{2100}, 196 Seiten A5

Nudel-Knigge ^{2100} Himmlische Teigwaren, 140 Seiten A5

Der Interkulturelle Kompetenz-Knigge ^{2100} Kultur, Kompetenz, Eindrücke – Gesten, Rituale, Zeitempfinden – Berichte, Tipps, Erlebnisse, 240 Seiten A5

China-Deutschland-Knigge ^{2100} Chinesen in Deutschland, 104 Seiten A5

Dschungel-Knigge ^{2100} Umgang in ungewohnter Umgebung, 192 Seiten A5

Von allen guten Geistern verlassen-Knigge ^{2100}, 132 Seiten A5

Der Dicke-Knigge ^{2100} Aus dem prallen Leben des Dicken, 104 Seiten A5

Typisch Frau – Typisch Mann Knigge ^{2100} Unterschiede und Gemeinsamkeiten im Umgang mit dem Geschlecht, 128 Seiten A5

Kulinarischer und Gastronomischer Knigge ^{2100} 284 Seiten A5

Klo- und Pinkel-Knigge ^{2100} Vom privaten und öffentlichen Bedürfnis - Umgangsformen im Tabu-Bereich, 104 Seiten A5

Alles hat seine Zeit-Knigge ^{2100} Umgang mit der Zeit, 294 Seite A5

Omi hüpf' mal Märchen meiner Großmutter, Erlebnisse ihre Jugend und wahre Geschichten meines Vaters von und über Omi Rickchen, Hardcover, 312 Seiten

Der Hunde-Knigge ^{2100} Umgang mit dem Hund – Hundesprache – Der Hund in der Gesellschaft, 180 Seiten A5

Welcome to Germany-Knigge ^{2100} Umgangsformen, Verhaltensmuster und gesellschaftliches Miteinander im deutschsprachigen Europa, 108 Seiten A5

Besuch willkommen Knigge ^{2100} Einladung, Gast, Geschenk, Empfang, Feier, Gastfreundschaft, 200 Seiten A5

Leben, Tod und Ansichten Austausch mit Berühmtheiten über Wichtiges und Unwichtiges im Leben, 116 Seiten A5

Last List Leid ^{2100} Verlogene Welt?, 160 Seiten A5

Mensch Macht Mörder ^{2100} Verfall der Umgangsformen?, 260 Seiten A5

Tod, Trauer, Totenkult-Knigge ^{2100} Sterben, Trost, Takt, Bestatten, Tradition, Vorsorge, Tabus, Vergänglichkeit und Sonderbares, 212 Seiten A5

Corona-Knigge ^{2100} Umgang mit dem Virus, 88 Seiten 12x19, kartoniert

Das kleine Knigge-Quiz ^{2100} 96 Seiten, 12x19 cm, kartoniert

Leben und Lifestyle

Rhetorik, Soft Skills, Hochschule, Beruf

Rhetorik ist Silber Von den ersten Schritten zu einer perfekten Präsentation, 336 Seiten A5, kartoniert, Zeichnungen

Moderation ist Gold Gesprächsführung, Umfragen, Talkrunden und Manipulation, 274 Seiten A5, kartoniert, Zeichnungen

Lebhafte Körpersprache in Vorträgen, Präsentationen, Gesprächen, 218 Seiten A5, kartoniert, ca. 290 Zeichnungen

Rhetoric – Mastering the Art of Persuasion, 222 Seiten A5, kartoniert

Das große Buch der Kommunikation und der Gesprächsführung ^{2100}, 460 Seiten A5, kartoniert, Zeichnungen

Das große Buch der Rhetorik ^{2100} Tacheles reden; Präsentieren; manipulieren und überzeugen, 452 Seiten A5, kartoniert, viele Darstellungen

Trickreiche Rhetorik ^{2100} Psychologische Gesprächsführung, manipulierende Darstellung, unaufdringliches Nudging, 448 Seiten A5, kartoniert, Zeichnungen

Körpersprache ^{2100} **– Lüge, Verrat, Macht**, Im Beruf, vor Gericht, beim Flirt – Gewinnerpose und Demutshaltung; 440 Seiten A5, kartoniert, über 400 Zeichnungen

Soft Skills-Knigge ^{2100} Soziale, Persönlichkeit, Selbstmanagement, 480 Seiten A5, kartoniert, viele Darstellungen

Schlagfertigkeit-, Spontaneität-, Stegreif-Knigge ^{2100} Impulsiv handeln, verbale Angriffe kontern, Störungen entwaffnen, 104 Seiten A5

Pitch Skills und Überzeugungs-Knigge ^{2100} Elevator Pitch, Geldgeber beeindrucken, Feuer versprühen, 128 Seiten A5, kartoniert

Smalltalk-Knigge ^{2100} Vom kleinen Gespräch bis zum charmanten Flirt - Kontakt ausbauen, Sympathie zeigen, Begehrlichkeit wecken, 100 Seiten A5

Quassel-Knigge ^{2100} Quasseln, Quatschen, Quengeln oder Lebenswichtige Kommunikation – Gezielt eingesetzte Rhetorik – Aussagekräftiges Profil zeigen, 112 Seiten A5

Die moderne Führungskraft ^{2100} **Online und Präsenz,** Handbuch für souveräne Vorgesetzte und solche, die es werden wollen, 252 Seiten A5, kartoniert, Zeichnungen

Emotionale Rhetorik im Leben und rund um den Tod ^{2100} Vielfältige Kommunikation – Fiktiver Interview-Austausch mit Berühmtheiten, 260 Seiten A5

Innere Rhetorik ^{2100} Zielführende Kommunikation mit sich selbst, 140 Seiten A5

Kriegerische Rhetorik ^{2100} Sensible Diplomatie, einfühlsame Empathie, 156 Seiten A5

Blumige Rhetorik ^{2100} Zielführende Kommunikation mit sich selbst, 140 Seiten A5

Alles hat seine Zeit – Knigge ^{2100} Umgang mit der Zeit, 294 Seiten A5

Hochschul-Knigge ^{2100} Studentischer Umgang, 132 Seiten A5, kartoniert, Fotos

Jugend-Karriere-Knigge ^{2100} 224 Seiten A5, kartoniert, Zeichnungen, Checklisten

Bewerbungs-Knigge ^{2100} **für Frauen – Tina bewirbt sich / Bewerbungs-Knigge** ^{2100} **für Männer – Tom bewirbt sich**, Vorbereitung, Wahl der Kleidung, Verhalten beim Bewerbungsgespräch, je 128 Seiten A5, kartoniert, Fotos, Checklisten

Online-Bewerbungsgespräche-Knigge ^{2100} Vorstellungsgespräche auf Distanz – **Tina und Tom bewerben sich digital**, 128 Seiten A5, kartoniert, Zeichnungen

Kreativitäts-Knigge ^{2100}, Visionärhaft denken, Scheuklappen sprengen, Mentales Risiko eingehen, 164 Seiten A5, kartoniert

Team und Typ-Knigge ^{2100}, Ich und Wir, Typen und Charaktere, Team-Entwicklung, 128 Seiten A5, kartoniert, viele Darstellungen

Die flotte Generation Y im 21. Jahrhundert, selbstbewusst – lebensbetonend – flexibel, 116 Seiten A5, kartoniert, Zeichnungen

Die flotte Generation Z im 21. Jahrhundert, entscheidungsfreudig – effizient – eigenverantwortlich, 140 Seiten A5, kartoniert, Zeichnungen

Tele-Meeting ^{2100}, Digitale Konferenz, Online-Unterricht, Homeoffice, 104 Seiten A5, kartoniert

Rhetorik, Soft Skills, Hochschule, Beruf

Englisch:

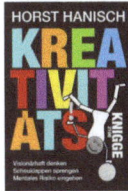  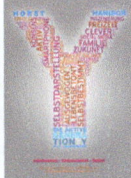 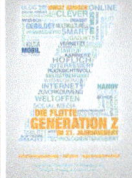 

Beratung, Coaching, Seminar

Wer hat nicht gerne mit Menschen zu tun, die selbstbewusst und selbstsicher mit anderen Menschen umgehen?

Geschäftspartnern, die die elementaren Regeln des ‚Benimms' beherrschen, stehen die Türen zum Erfolg offen.

Unternehmen, die neben ihrer fachlichen Leistung auch ‚menschlich' überzeugen wollen, bieten wir für ihre Mitarbeiterinnen und Mitarbeiter aktives Training im Umgang mit Kunden, Gästen, Kollegen und Gesprächspartnern an.

Auf unserer Website informieren wir Sie über unsere Angebote:

- Firmen-Internes-Training
- → Business-Etikette und das Lehrmenü
- → Präsentieren, Moderieren, Kommunizieren
- → Körpersprache und ihre Geheimnisse
- → Teuflische Rhetorik und das Erkennen manipulativer Aspekte
- → Flottes Reden vor und zu anderen
- → Der erste entscheidende Eindruck
- Interkulturelles Training
- → Umgang mit Menschen anderer Kulturen

- Intensiv-Training für
- → TV-Auftritte
- → Vorträge
- → Präsentationen
- → Reden
- Fachliteratur und journalistische Beiträge
- Vorträge/Speaker
- → Vor kleinem und vor großem Publikum
- Workshops
- → Soft Skills
- → Team-Training

Individuelles Coaching für Einzelpersonen: Wer es ganz individuell mag, greift zurück auf ein Einzel-Coaching, auch als Online-Coaching. Hier werden ganz persönliche Herausforderungen angegangen, mit Themen wie:

- → Erscheinungsbild – Der Erste Eindruck
- → Selbstsicheres und authentisches Auftreten
- → Persönlichkeitsentfaltung
- → Bewerbungstraining
- → Rhetorik und Überzeugungskraft

- → Erfolgreiche Verhandlungsführung
- → Kommunikation und Konfliktbewältigung
- → Präsentations-Techniken und Moderation
- → Interkulturelle Kompetenz

und andere Themen – direkt auf die besonderen Bedürfnisse des Einzelnen zugeschnitten. Besuchen Sie uns auf www.knigge-seminare.de